中华诗礼文化

ZHONGHUA SHILI WENHUA

（第三册）

张树堂　主编

中国海洋大学出版社

· 青岛 ·

图书在版编目（CIP）数据

中华诗礼文化／辛培文,张树堂主编 .－－青岛：
中国海洋大学出版社,2023. 12

ISBN 978-7-5670-3693-2

Ⅰ.①中…　Ⅱ.①辛…②张…　Ⅲ.①《诗经》－诗歌研究②礼仪－研究－中国－古代　Ⅳ.①I207. 222②K892. 9

中国国家版本馆 CIP 数据核字（2023）第 212414 号

出版发行	中国海洋大学出版社
社　　址	青岛市香港东路 23 号　　　　邮政编码　266071
出版人	刘文菁
网　　址	http://pub.ouc.edu.cn
订购电话	0532－82032573（传真）
责任编辑	孙宇菲　刘　琳　　　　　　　电　　话　0532－85902349
印　　制	青岛泰兴印刷有限公司
版　　次	2023 年 12 月第 1 版
印　　次	2023 年 12 月第 1 次印刷
成品尺寸	185 mm×260 mm
印　　张	39. 25
字　　数	888 千
印　　数	1—3 600
定　　价	180. 00 元（共 3 册）

发现印装质量问题,请致电 0532-83812887,由印刷厂负责调换。

"中华诗礼文化"丛书

主　编　辛培文　张树堂

第三册

主　编　张树堂

副主编　冯其光　肖　慧　程胜安

编　委　（按姓氏笔画排列）

王芳华　王春晓　冯其光　李　丽

杨昌同　来晓丹　肖　慧　辛培文

张树堂　张晓丽　张朝恒　林　涛

赵永江　程胜安

凡例

一、丛书为中华传统文化典籍选本，以诗礼文化为核心，兼及中国古代物质文化。

二、丛书每一册均按传统经、史、子、集四部排序，四部典籍分类以《四库全书总目》与《续修四库全书总目》为主要依据。

三、丛书涉及《四库全书总目》经、史、子、集四部中除"子部·释家"之外的43类典籍，并根据《续修四库全书总目》于集部末附"小说类"篇目，以期概览中华传统文化。

四、历代诗词曲（《诗经》《楚辞》外）均归入集部别集类，各册按年代独立编排，以便诵习。

五、每册经、史、子、集各部均构成独立单元，并各附"文化记忆"一节，以专题形式贯通诗礼文化各个重要元素。

六、丛书各篇章宜相互参读。经部义理可以参证史部事实；集部诗文亦可参阅子部撰述。具体而言，太白诗文可参读太白传记，太史公《张良纳履》可参读东坡《留侯论》，以求贯通；《营造法式》章节则可参照"文化记忆·古代建筑"，以博其趣。此不一一列举。

七、丛书力避小学教材所选诗文，以期拓宽视野，获取新知；于中学文史教材则不避，以期系统完备，日后学有余力。

八、史部选文，第一册正文多为据史改编的故事，基于原文，贴近口语，以便初习；史籍原文附后，以便日后参读。第二、三册则以原文为正文，以见梯次，以求进益。

九、各章节均由按语、原文、注释、译文（诗词曲、古典白话小说和资料性书籍不译）与相关拓展内容构成。

十、经典作品经得起多视角的解读，丛书所加按语仅作某一方面的提示，以供诵习之助。

十一、书页背景图均为古人画作，山水花鸟、人物器服，诗文图画，意在切合，而仅得仿佛，唯在参览意会增添兴味而已；文物服饰、楼观草木之插图，择要略例，唯示博览通识之门径，以启格物致知之兴趣。

目 录

经部

　　经禀圣裁，垂型万世，删定之旨，如日中天，无所容其赞述。所论次者，诂经之说而已。自汉京以后垂二千年，儒者沿波，学凡六变。……要其归宿，则不过汉学、宋学两家互为胜负。夫汉学具有根柢，讲学者以浅陋轻之，不足服汉儒也。宋学具有精微，读书者以空疏薄之，亦不足服宋儒也。消融门户之见而各取所长，则私心祛而公理出，公理出而经义明矣。盖经者非他，即天下之公理而已。今参稽众说，务取持平，各明去取之故，分为十类：曰易、曰书、曰诗、曰礼、曰春秋、曰孝经、曰五经总义、曰四书、曰乐、曰小学。

　　——清·纪昀等《四库全书总目·经部总叙》

译文

经书得到圣人的裁断，成为万世流传的典范，删述论定的宗旨，如同太阳行于中天，不用我们再加以赞述。编者论叙编排的，只是解读经书的学说而已。汉朝建立之后，历经两千年，儒者随着经学发展，其学术共出现了六次变化。……总结经学的归属，不过是汉学与宋学两种学说互有胜负。汉学具有深厚的根基，讲学的人如果认为汉学浅显粗略，从而轻视它，这不会让汉儒心服。宋学有精微的阐发，读书的人如果认为宋学空泛不实，从而鄙薄它，也不能让宋儒折服。消除门派的偏见，各取所长，就会去除私心而显现公理，公理显现之后，经义便明确了。经书不同于其他著述，就是天下的公理而已。现在参考各家学说，务求秉持平心，分别阐明删除与选取的原因，将经部分成以下十类：《易》类、《书》类、《诗》类、《礼》类、《春秋》类、《孝经》类、五经总义类、四书类、乐类、小学类。

——清·纪昀等《四库全书总目·经部总叙》

1 《周易》一则

相传伏羲创造了八卦，即乾(☰)、兑(☱)、离(☲)、震(☳)、巽(☴)、坎(☵)、艮(☶)、坤(☷)，分别代表天、泽、火、雷、风、水、山、地。八卦作为推演空间和时间的工具，体现了中国哲学的阴阳之道。下面几句话即为对伏羲作八卦过程的描述，对于文字起源等问题的探讨有着重要的启示意义。

古者包牺氏①之王②天下也，仰则观象③于天，俯则观法④于地，观鸟兽之文⑤与地之宜，近取诸身⑥，远取诸物，于是始作八卦，以通⑦神明之德⑧，以类⑨万物之情。

——《系辞下》

注释

① 包牺氏：即伏羲。
② 王：统治一国或一地。
③ 象：现象。
④ 法：准则(规律)。
⑤ 文：花纹。
⑥ 身：亲身体验，实行。
⑦ 通：传告。
⑧ 德：心意。
⑨ 类：类比，类推。

译文

上古的时候，伏羲氏治理天下，(他)仰观天象，俯察地理，观察鸟兽身上的纹理以及适宜在大地上生存的种种事物，近的取法自身，远的取法他物，在这个基础上制作了八卦，用以传达神明的启示，类推事物的情态。

拓展

伏羲，神话中人类的始祖。相传为风姓，又名宓羲、庖牺、包牺、伏戏，亦称牺皇、皇羲，《史记》中写作伏牺，亦有青帝太昊伏羲(即东方上帝)一说。燧人氏之子，相传其母华胥在雷泽踩了巨大的脚印而有孕，生伏羲于成纪，定都在陈(今河南省周口市淮阳区)。《帝王世纪》中庖牺氏"尝味百药而制九针"，因此被尊奉为医药学、针灸学之始祖。

2 《周易》一则

　　子曰："加我数年，五十以学《易》，可以无大过矣。"司马迁在《史记·孔子世家》中说："孔子晚而喜《易》，序象、系、象、说卦、文言。读《易》，韦编三绝。"上面的说法说明了孔子对《周易》的重视。《周易·系辞》据说也是孔子所撰，旨在阐说经文。

　　子曰："天下何①思何虑？天下同归而殊涂②，一致而百虑。天下何思何虑？日往③则月来，月往则日来，日月相推而明生焉。寒往则暑来，暑往则寒来，寒暑相推而岁成焉。往者屈也，来者信④也，屈信相感而利⑤生⑥焉。尺蠖（huò）之屈，以求信也；龙蛇之蛰，以存身也。精义入神，以致用也；利用安身，以崇德也。过此以往，未之或知也；穷神知化，德之盛也。"

——《系辞下》

注 释

① 何：何故，为什么。

② 涂：通"途"。

③ 往：去，到（某地）。

④ 信：准时，有规律。

⑤ 利：有利的。

⑥ 生：滋生，产生。

译 文

　　孔子说："天下的事物，何必思考，何须忧虑？天下同归于一个目标，所走的途径有不同。同归于一个观念，有千百种思虑。"宇宙自然的运行，循环不息，日月往来交替，因而有光明的出现。寒暑往来的交替，遂有春夏秋冬四时递相推移的岁序。以往的事情，已经回缩，将来的事情，即将伸展，屈缩伸张，互相交感而用，而利益的产生，也就在其中了。尺蠖通过在爬行中弯曲身体求得伸直，从而推动身体前进。龙蛇冬眠潜伏，以保全它们的躯体。学者专精地研究精粹微妙的义理，到达神而化之的境界，就可以学以致用了。利用易学所显示的道理，而安处其身，是为了提高自己的道德修养。超越这种境界更进一步，或许就不能知晓了。穷尽神理，通晓变化之道，这正是美德隆盛的体现。

拓展

　　仲尼，鲁人。生不知易本，偶筮其命，得旅，请益于商瞿氏。曰："子有圣智而无位。"孔子泣而曰："天也，命也！凤鸟不来，河无图至。呜呼！天命之也。"叹讫而后息志，停读《礼》，止史削。五十究《易》，作《十翼》，明也，明易几教。

——《周易·乾凿度》

3 《尚书》一则

尧，是五帝之一，名放勋。他十三岁辅佐帝挚，十五岁被封于唐，故称为唐尧。后来他代帝挚为首领。尧为什么被司马迁视为"理想的君主"呢？让我们在《尧典》的记述中寻找答案吧。

曰若稽古①，帝尧曰放勋。钦明文思安安②，允恭克让③，光④被四表⑤，格⑥于上下⑦。克明俊德⑧，以亲九族⑨。九族既睦，平章百姓⑩。百姓昭明，协和万邦⑪。黎民于变时雍⑫。

乃命羲和⑬，钦若⑭昊天⑮，历⑯象⑰日月星辰，敬授民时⑱。

——《尧典》

注释

① 曰若稽古：周代成语，用于追述前代著名人物事功的开端。曰若，一作越若或粤若，发语词。稽，考察。

② 钦明文思安安：他恭敬节俭，明察是非，善理天下，道德纯备，温和宽容。钦，严审。明，明察。文，文采。思，善虑。安安，温和宽厚。

③ 允恭克让：他忠实不懈，又能让贤。允，诚信。恭，恭谨。克，能。让，谦让。

④ 光：光耀。

⑤ 四表：四方边缘。

⑥ 格：至，达到。

⑦ 上下：天地。

⑧ 克明俊德：他能发扬大德。克，能够。明，显示表彰。俊德，才智品德兼备的人。

⑨ 九族：古代指以己为本位，上经父、祖、曾祖，而至于高祖；下历子、孙子、曾孙，而及于玄孙，上下九代之内，所有同姓的直系旁系亲族包括其妻妾，合称九族。一说以外祖父、外祖母、姨母之子、妻父、妻母、姑母之子、姊妹之子、女儿之子及己之同族为九族。

⑩ 平章百姓：辨明其他各族的政事。平，辨别。章，彰明。百姓，百官族姓。

⑪ 万邦：天下各国总称。当时部族众多，各自为国。

⑫ 黎民于变时雍：天下人民因此变得友好和睦起来。于变，接受尧的教诲而化变。时，犹似随四时代序而合于时宜。雍，和悦，和谐。

⑬ 羲和：羲氏、和氏为重黎氏，世代为掌管天地四时之官。

⑭ 钦若：敬顺。

⑮ 昊天：广阔苍茫的天宇。

⑯ 历：推演计算。

⑰ 象：观测。

⑱ 敬授民时：将所制定的历法授予民众。

译文

　　考察古时传说，帝尧名字叫作放勋，他恭敬节俭，明察是非，善理天下，道德纯备，温和宽容。他忠实不懈，又能让贤，光辉普照四方，思虑至于天地。他能发扬大德，使家族亲密和睦。家族和睦以后，又辨明其他各族的政事。众族的政事辨明了，又协调万邦诸侯，天下众民因此也变得友好和睦起来。

　　尧于是命令羲氏与和氏，专职从事天文工作，推算日月星辰运行的规律，制定出历法，教导人们依照时令节气从事生产活动。

拓展

　　《尧典》是《尚书》中的篇目之一，记述了唐尧的功德、言行，是研究上古史的重要资料。《尧典》的成书年代，有殷周至汉初的不同说法，是在长期的流传过程中，后人对其不断润色、附益，才形成了现在的面貌。

明·蓝瑛《山水十开》

4　诗经·敬之

　　"缉熙"为光明之意，这里是对学习知识的一种比喻，学习的目的就在于"明明德"，不断进取，让自身充实而有光辉。

　　敬①之敬之，天维显思，命不易哉。无曰高高在上，陟降②厥士，日监在兹。维予小子，不聪敬止。日就月将，学有缉熙③于光明。佛④时仔肩，示我显德行。

注释

　　① 敬：通"儆"，儆戒。

　　② 陟（zhì）降：升降。

　　③ 缉熙：积渐以至于光明，比喻掌握知识渐广渐深。

　　④ 佛（bì）：通"弼"，辅助。

拓展

　　"颂"指的是《诗经》中风、雅、颂的颂，它是贵族在宗庙中祭祀鬼神和赞颂祖先、统治者功德所用的乐曲，共40篇，分为周颂、鲁颂和商颂。其中，周颂是周王室的宗庙祭祀诗，除了单纯歌颂祖先功德外，还有一部分是在春夏之际向神祈求丰年或秋冬之际酬谢神明的乐歌，反映了西周初期的农业生产情况。

清·查士标《山水十开》

5　诗大序（节选）

诗、礼、乐自古三位一体。孔子说："兴于诗，立于礼，成于乐。"千百年来，诗乐不衰，是中华民族礼乐精神根深叶茂、传承不息的生动写照。

诗者，志之所之①也，在心为志，发言为诗。情动于中②而形于言，言之不足故嗟叹之，嗟叹之不足故永歌之，永歌之不足，不知手之舞之足之蹈之也。

情发于声，声成文谓之音③。治世之音安以乐，其政和；乱世之音怨以怒，其政乖④；亡国之音哀以思，其民困。故正得失，动天地，感鬼神，莫近于诗⑤。先王以是经⑥夫妇，成孝敬，厚人伦，美教化，移风俗。

注释

① 志之所之：诗是个人情志的发抒、表达。之，到。

② 情动于中：心中动了情感就会用言语的形式表达出来。

③ 声成文谓之音：声音形成宫、商、角、徵、羽的曲调，就是音乐。声，指宫、商、角、徵、羽。文，由五声相配合而成的曲调。音，指音调。

④ 乖：指乖戾。

⑤ 莫近于诗：莫过于诗。指诗最具有"正得失"等功能。

⑥ 经：纠正，调节。

译文

诗，是人们情感意志的表达形式。把它放在心里是情志，用语言表达出来就是诗。情绪在我心中激荡，所以我用语言来表达它。当我无法用语言表达它时，便用咨嗟叹息的声音来延续它，咨嗟叹息还不尽情，就放开喉咙来歌唱它。唱歌的时候我还是不满意，于是不知不觉手舞足蹈起来。

情感要用声音来表达，声音形成宫、商、角、徵、羽的曲调，就是音乐。一个太平盛世的音乐安逸而欢乐，政治是宽和的；动乱之世的音乐充满怨恨和愤怒，政治是暴虐和残酷的；亡国时期的音乐是悲伤哀苦的，人民陷于困穷之中。因此，纠正政治的得失，打动天地鬼神，没有什么比诗歌更接近实现这一目标了。古代帝王用诗歌来纠正夫妻关系，培养孝顺的行为，诚实的道德，纯洁美丽的教育，改变不良的风俗习惯。

ᒍ拓 展ᒐ

　　《诗大序》是两汉时期诗学的重要文献，是对儒家"诗言志"学说的较为系统的阐发和总结。作为中国古代文学批评史中第一篇诗歌专论，它比较全面地继承总结了先秦儒家诗歌理论，阐述了诗、乐、舞的起源、关系及本质特征；论述了诗歌与时代、政治、地理等文化因素的关系；强调了诗歌的政教功用，初步建构了儒家的诗学理论和批评原则。这对后来的诗歌创作和理论，以及整个文艺领域的创作和理论批评的发展都产生了重大影响。

清·石涛《山水图册》

6   诗大序（节选）

《诗经》"六义"的说法对后世影响深远，一方面，形成了我国诗歌史上的"风雅传统"；另一方面，赋、比、兴的手法也被后世诗歌所继承。

故《诗》有六义①焉：一曰风，二曰赋，三曰比，四曰兴，五曰雅，六曰颂。上以风化下，下以风刺上，主文而谲谏②，言之者无罪，闻之者足以戒，故曰风。至于王道衰，礼义废，政教失，国异政，家殊俗，而变风③、变雅④作矣。国史明乎得失之迹，伤人伦之废，哀刑政之苛，吟咏情性以风其上，达于事变，而怀其旧俗者也。故变风发乎情，止乎礼义。发乎情，民之性也；止乎礼义，先王之泽也。是以一国之事，系一人之本，谓之风；言天下之事，形四方之风，谓之雅。雅者，正也，言王政之所由废兴也。政有小大，故有小雅焉，有大雅焉。颂者，美盛德之形容，以其成功告于神明者也。是谓四始，《诗》之至也。

注 释

① 六义：《诗经·正义》释"六义"为"赋、比、兴是《诗》之用，风、雅、颂是《诗》之成形，用彼三事，成此三事，是故同称为'义'"。对于"六义"，至今尚有不同的理解。

② 谲（jué）谏（jiàn）：委婉含蓄地劝诫。指不直言君王之过失。

③ 变风：指邶风以下十三国风。变，指时世由盛变衰，即"王道衰、礼义废"等。

④ 变雅：大雅中《中劳》以后的诗，小雅中《六月》以后的诗。二者虽有个别例外，但变风、变雅大多是西周以后的作品，相当于上文的所说"乱世之音""亡国之音"。

译 文

所以诗有六义：一为"风"，二为"赋"，三为"比"，四为"兴"，五为"雅"，六为"颂"。上层（统治者）用"风"来教化下层（普通人），下层（普通人）用"风"来指上层（统治者），并用委婉的言语进行劝告，（因此）说话者不会冒犯，听话的人可以保持警惕，这叫作"风"。由于皇室之道的衰落、礼义的松弛、政教的失落，各国都有自己的政策，百姓的风俗习惯也不尽相同，于是"变风""变雅"的诗歌应运而生。这个国家的历史学家了解政治得失的事实，伤怀人事伦常的废弃，悲叹刑法政治的严酷，因此吟咏歌诗来劝导君上。这是明知世事变迁而怀念旧俗的，所以"变风"是发自内心的情感，但它并没有超越礼义。发自内心的情感是人之常情，不超过礼义情感范围，是先王德泽教化的原因。因此，如果说诗歌是关于吟咏一个国家的事，而只是表达诗人内心的情感，那就叫作"风"；如果说诗歌是关于天下的，表达了各方的风俗习惯，那么它就被称为"雅"。"雅"的意思是"正"，这表达出政治衰敝或繁荣的原因。政治可以分为大小，所以有的叫"小雅"，有的叫"大雅"。"颂"是赞美圣德之王，并把他成功的事迹告诉祖先和众神。（"风""小雅""大雅""颂"）这是"四个开端"，是诗中最高的。

拓 展

风、雅、颂、赋、比、兴，合称"六义"。唐孔颖达《毛诗正义》："赋比兴是诗之所用，风雅颂是诗之成形。"即指前者是诗的作法，后者是诗的体裁。《风》又称《国风》，是当时当地流行的歌曲。对于《雅》的认识有不同的观点。一种观点认为是指周朝直接统治地区的音乐。还有观点认为，《雅》是指人人能懂的典雅音乐。《颂》是贵族在家庙中祭祀鬼神、赞美统治者功德的乐曲，在演奏时要配以舞蹈。"赋、比、兴"是诗的表现手法。"赋"是直陈其事，描述一件事情的经过。"比"是打比方，用一个事物比喻另一个事物。"兴"是从一个事物联想到另一件事物。

清·恽寿平《九兰图》

7 周礼·总叙（节选）

"三百六十行，行行出状元。"每种职业都有自己的价值，现代意义上的职业只有分工的差异，没有高下之分，每种职业对社会的发展有着不可替代的作用。

国有六职，百工与居一焉。或坐而论道①；或作而行之；或审曲、面埶②，以饬五材③，以辨民器；或通四方之珍异以资④之；或饬力以长地财；或治丝麻以成之。坐而论道，谓之王公；作而行之，谓之士大夫；审曲、面埶，以饬五材，以辨民器，谓之百工；通四方之珍异以资之，谓之商旅；饬力以长地财，谓之农夫；治丝麻以成之，谓之妇功。

注 释

① 论道：谋虑治国之道。
② 审曲、面埶(shì)：审视（五材的）曲直、方圆。埶，同"势"，谓形势。
③ 五材：五种物质，指金、木、水、火、土。
④ 资：提供。

译 文

国家有六类职业，百工是其中之一。有的人安坐而谋虑治国之道，有的人起来执行治国之道，有的人审视（五材的）曲直、方圆，以（加工）整治，准备民众所需的器物，有的人使四方珍异的物品流通以供人们买卖，有的人勤力耕耘土地而使之生长财富，有的人纺绩丝麻制成衣服。安坐谋虑治国之道的是王公；起来执行治国之道的是士大夫；审视（五材的）曲直、方圆，整治五材，而制作民众所需的各种器物的，是百工；使四方珍异物品流通以供人们买卖的，是商旅；耕耘土地而使之生长财富的，是农夫；纺绩丝麻而制成衣服的，是妇功。

拓 展

《周礼·考工记》是我国第一部工科巨著，其中关于宫城设计的《匠人建国》和《匠人营国》，是现存最早的城市建筑及其规划方面的史籍之一。

13

8 仪礼·士冠礼（节选）

　　远古氏族社会，曾流行过一种"成丁礼"。随着社会的发展，成丁礼发生了改变，后被我国儒家演变为"冠礼"，作为人生礼仪的重要组成部分。《仪礼·士冠礼》记载了士之子举行冠礼的详细流程。

　　始加，祝曰："令月吉日①，始加元服②。弃尔幼志，顺尔成德。寿考③惟祺，介尔景福。"再加，曰："吉月令辰，乃申④尔服。敬尔威仪，淑⑤慎尔德。眉寿⑥万年，永受胡⑦福。"三加，曰："以岁之正，以月之令，咸加⑧尔服。兄弟具在，以成厥德⑨。黄耇⑩无疆，受天之庆。"

　　醴辞曰："甘醴惟厚，嘉荐令芳。拜受祭之，以定尔祥。承天之休，寿考不忘。"

注 释

① 令月吉日：吉利的好日子。

② 元服：指冠。古称行冠礼为加元服。

③ 寿考：长寿。

④ 申：重复。

⑤ 淑：善。

⑥ 眉寿：长寿。眉，指老人的长眉毛，象征高寿。

⑦ 胡：远。

⑧ 咸加：皆加。指三次加冠。

⑨ 厥德：修养道德，品行。

⑩ 黄耇（gǒu）：老人，此言长寿。黄，老人白发落后而生黄发。耇，老人面如冻黎，其色如浮垢。

译 文

　　初次加缁布冠，致辞说："选择吉利的好日子，为你戴上缁布冠，去掉你的幼稚之心，慎修你成人的美德，祝你长寿吉祥，保佑你鸿福无疆。"再次加冠时，致辞说："选择吉月良辰，为你再次加冠，端正你的容貌威仪，敬慎你内心的德性，愿你长寿万年，天降福祉。"第三次加冠时，致辞说："在这吉祥的年月，为你完成加冠的成年礼，亲戚都来祝贺，成就你的美德。愿你长寿无疆，承受上天的赐福。"

醴礼的致辞说："醴酒味美醇厚，干肉肉醢芳香，拜受醴荐祭先祖，诚敬以定吉祥。托庇皇天福佑，永保美名不忘。"

拓 展

《仪礼》，儒家十三经之一，是春秋战国时期的礼制汇编，共 17 篇，内容以记载周代士大夫的礼仪为主，包括冠、婚、丧、祭、乡、射、朝、聘等。

清·王鉴《湘碧居士仿古册》

9　公羊传·隐公元年

［战国］公羊高

　　"立嫡以长不以贤，立子以贵不以长"体现的是古代宗法制度和正名思想。"大一统"指的是国家在政治文化上的高度统一。这些观念深刻地影响了中国古代历史发展的进程。《公羊传》在对《春秋》经文"元年春，王正月"的解读中进行了阐发。

　　元年①春，王正月。

　　元年者何？君之始年②也。春者何？岁之始也③。王者孰谓？谓文王④也。曷为先言王，而后言正月？王正月也。何言乎王正月？大一统⑤也。公⑥何以不言即位？成公意也。何成乎公之意？公将平国而反之桓。曷为反之桓？桓幼而贵⑦，隐长而卑。其为尊卑也微⑧，国人莫知。隐长又贤，诸大夫扳隐而立之，隐于是焉而辞立⑨，则未知桓之将必得立也；且如桓立，则恐诸大夫之不能相幼君也，故凡隐之立，为桓立也⑩。隐长又贤，何以不宜立？立適⑪以长不以贤，立子⑫以贵不以长。桓何以贵？母贵也。母贵则子何以贵？子以母贵⑬，母以子贵。

注释

　　① 元年：指鲁隐公元年（前722）。

　　② 君之始年：人君即位开始的那一年。

　　③ 岁之始也：一年开头的第一个季节。

　　④ 文王：即周文王，姓姬，名昌，周王朝的第一代君主。

　　⑤ 大一统：指整个天下一统在天子下，服从天子的命令。

　　⑥ 公：指鲁隐公（？—前772），名息姑，鲁惠公弗皇之子。惠公元妃为孟子。孟子卒，续娶声子为妾，生隐公后又娶宋武公之女为夫人，生桓公轨。惠公卒，桓公年幼隐公摄政，所以《春秋》在隐公元年就没有书"公即位"三字。

　　⑦ 桓幼而贵：谓桓公年纪虽小，但因为他的母亲为宋武公之女，其地位贵重。

　　⑧ 尊卑也微：意指隐公、桓公的母亲都是后娶的姬妾，谁尊谁卑，区别微小。

　　⑨ 隐于是焉而辞立：如果隐公在这个时候辞让君位。

⑩ 为桓立也：意指隐公同意立自己为君，乃是为了将来立桓公而考虑的。

⑪ 適（dí）：通"嫡"，正妻所生之子。

⑫ 子：指庶子，一般姬妾所生之子。

⑬ 子以母贵：做儿子的地位尊贵，是依靠他母亲地位尊贵而来。

译文

君王即位的第一年春天的第一个月。

"元年"两个字是什么意思？是指国君即位的头一年。"春"是什么意思？是一年的开始。"王"指的是谁？指的是周文王。为什么先说王而后说正月，这是为了说明是周王朝的正月。为什么说周王朝的正月？是为了尊重周天子的一统天下。隐公为什么不说即位？是为了成全隐公的意愿。为什么说是成全隐公的意愿？因为隐公准备治理好国家，然后还政于桓公。为什么还政于桓公？因为桓公年幼却地位尊贵，隐公年长却地位卑下；他们之间尊卑的差别是很小的，国都里的人没有知道的。隐公年长而有德行，众大夫攀援隐公而立他为国君。隐公在这时要是推辞即位，就不知道桓公是否一定能立为国君；如果桓公立为国君，又恐怕众大夫不能辅佐幼君。所以，总的说来，隐公的即位，正是为了桓公将来即位。隐公年长而有德行，为什么不宜立为国君？这是因为，立嫡子，凭年长不凭德行；立庶子，凭尊贵不凭年长。桓公为什么尊贵？因为他的母亲尊贵。母亲尊贵，儿子为什么就尊贵？子凭母贵，母凭子贵。

拓展

《公羊传》即《春秋公羊传》，是专门解释《春秋》的一部典籍。与《左传》阐述史实不同，《公羊传》用问答的方式阐释《春秋》的"微言大义"。相传其作者为子夏的弟子，战国时齐人公羊高。《公羊传》是研究儒家思想的重要资料。

清·王鉴《仿古山水》

10　穀梁传·假道伐虢

[战国] 穀梁赤

　　一个人缺乏远见就容易贪图眼前的小利，而一国之君不虚心听取他人的意见，往往铸成大错，甚至亡国。下面的故事不仅给我们深刻的启示，也为后世留下了一个成语——唇亡齿寒。

　　晋献公①欲伐虢，荀息②曰："君何不以屈③产之乘④、垂棘⑤之璧而借道乎虞也？"公曰："此晋国之宝也。如受吾币而不借吾道，则如之何？"荀息曰："此小国之所以事大国也。彼不借吾道，必不敢受吾币。如受吾币而借吾道，则是我取之中府而藏之外府⑥，取之中厩而置之外厩也。"公曰："宫之奇⑦存焉，必不使受之也。"荀息曰："宫之奇之为人也，达心而懦，又少长于君。达心则其言略，懦则不能强谏，少长于君，则君轻之。且夫玩好在耳目之前，而患在一国之后，此中知以上乃能虑之。臣料虞君，中知以下也。"公遂借道而伐虢。宫之奇谏曰："晋国之使者，其辞卑而币重，必不便于虞。"虞公弗听，遂受其币而借之道。宫之奇谏曰："语曰'唇亡则齿寒'，其斯之谓与！"挈其妻子以奔曹⑧。献公亡虢，五年而后举虞。荀息牵马操璧而前曰："璧则犹是也，而马齿⑨加长⑩矣！"

注 释

　　① 晋献公（？—前651）：名诡诸，晋武公之子，在位26年。在此期间伐灭了周围一些小国，为其子晋文公称霸打下了基础。据《史记·晋世家》记载，晋献公伐虢（guó）的借口是虢国在晋国内乱中支持了先君的政敌。

　　② 荀息（？—前651）：晋献公最亲信的大夫，食邑于荀，亦称荀叔。献公病危时以荀息为相托以国政，献公死后，荀息在宫廷政变中为里克所杀。

　　③ 屈：即北屈，晋地名，在今山西省吉县东北。

　　④ 乘（shèng）：古以一车四马称为一乘。这里专指马。

　　⑤ 垂棘：晋地名，在今山西省长治市潞城区北。

　　⑥ 府：古时国家收藏财物、文书的地方。

　　⑦ 宫之奇：虞国大夫。汉·刘向《说苑·尊贤》："虞有宫之奇，晋献公为之终死不

寐。"

⑧ 曹：西周始封姬姓国，都陶丘（今山东省菏泽市定陶区西南）。

⑨ 马齿：马每岁增生一齿。

⑩ 加长（zhǎng）：增添。

译文

晋献公想要讨伐虢国，荀息说："君主为什么不用北屈出产的马、垂棘出产的璧，而向虞国借路呢？"献公说："这是晋的国宝，如果接受了我的礼物而不借路给我，那又拿它怎么办？"荀息说："这些东西是小国用来服侍大国的。它不借路给我们，一定不敢接受我们的礼物。如果接受了我们的礼物而借路给我们，那就是我们从里面的库藏里拿出来，而藏在外面的库藏里，从里面的马房里拿出来，而放在外面的马房里。"献公说："宫之奇在，一定不让的。"荀息说："宫之奇的为人，心里明白，可是怯懦，又比虞君大不了几岁。心里明白，话就说得简短，怯懦就不能拼命谏阻，比虞君大不了几岁，虞君就不尊重他。再加上珍玩心爱的东西就在耳目之前，而灾祸在一个国家之后，这一点要有中等智力以上的人才能考虑到。臣料想虞君是中等智力以下的人。"献公就借路征伐虢国。宫之奇劝谏说："晋国的使者言辞谦卑而礼物隆重，一定对虞国没有好处。"虞公不听，就接受了晋国的礼物而借路给晋国。宫之奇又谏道："俗语说'唇亡齿寒'，岂不就说的这件事吗！"他带领自己的老婆孩子投奔到曹国去了。晋献公灭了虢国，五年以后占领了虞国。荀息牵着马捧着璧，走上前来说："璧还是这样，而马的牙齿增加了。"

拓展

《穀梁传》即《春秋穀梁传》，是专门解释《春秋》的一部典籍。作者是子夏的弟子、战国时鲁人穀梁赤。《穀梁传》以语录体和对话文体为主，宣扬儒家思想，重视礼义教化，是研究秦汉间及西汉初年儒家思想的重要资料。晋人范宁撰《春秋穀梁传集解》，唐朝杨士勋作《春秋穀梁传疏》，清朝钟文烝所撰《穀梁补注》为历代学者对《穀梁传》的较好注本。

清·萧云从《山水册页》

11　孝经·三才章

孔子说"孝,德之本也",也就是说孝道是德行的根本。中国古代,孝道不仅关乎伦理,更关乎政治教化。几乎每一个朝代,统治者都重视孝道。汉朝自高祖刘邦之后,每一位皇帝的谥号都冠以"孝"字,如"孝惠帝""孝文帝"等,反映了以孝治天下的政治伦理。

曾子曰:"甚哉①,孝之大也!"子曰:"夫孝,天之经②也,地之义③也,民之行④也。天地之经,而民是则之。则天之明⑤,因地之利⑥,以顺天下,是以其教不肃而成。其政不严而治。先王⑦见教之可以化民也,是故先之以博爱⑧,而民莫遗其亲;陈⑨之以德义,而民兴行;先之以敬让,而民不争。导之以礼乐,而民和睦;示⑩之以好⑪恶⑫,而民知禁⑬。《诗》云:'赫赫师尹,民具尔瞻。'⑭"

注　释

① 甚哉:甚,很,非常。哉,语气词,表示感叹。

② 经:常规,原则。指永恒不变的道理和规律。

③ 义:适宜,态度公正,合理合法。

④ 行:履行,实行。

⑤ 则天之明:仿效天上的日、月、星辰给民众以温暖和光明。

⑥ 因地之利:君主有指导农业生产的任务,故需考虑如何充分利用土地,以获得最大的收益。

⑦ 先王:已逝世的帝王,此处指夏禹、商汤、周文王、周武王等圣王。

⑧ 博爱:广泛地实行仁爱,泛爱众人。

⑨ 陈:广布,陈说。

⑩ 示:拿出来给人看,使人明白。

⑪ 好:喜好和提倡的。

⑫ 恶:厌恶和反对的。

⑬ 禁:禁止,即不许做的非法的事。

⑭《诗》云:"赫赫师尹,民具尔瞻。"引自《诗经·小雅·节南山》。赫赫,光明盛大的样子。师尹,周朝三公之一,太师尹氏。

译文

　　曾子听了孔子所讲的孝道后，赞叹地说："啊，孝道的意义实在太大了！"孔子说："孝道，犹如天地运行恒常不变，犹如大地有利于万物，这是人最为根本的德行。天地这种不变的法则，人应该效法它。仿效上天光明普照，依照大地所出产的物品，用来治理天下万民。因此其教化不需要严肃的态度就可成功，政令无须靠严厉的手段推行而天下大治。先王看到这样的教化可以转化人心，所以率先实行孝道，博爱大众，使百姓不会遗弃双亲；再来陈述道德仁义，让百姓心生仰慕，愿意效法；先行礼敬谦让，做出表率，使百姓不会互相争斗；再以礼乐来引导，让百姓身心和谐，和睦相处；指示人民什么是好的，什么是坏的，人民就知道禁令而不违犯了。《诗经》上说：'助君行化教民的太师尹氏，真是民众仰望的好模范。'"

拓展

　　《孝经》以孝为中心，指出孝是诸德之本，并首次将孝与忠联系起来，认为忠是孝的继承和扩大，把孝的社会作用推而广之，"人之行，莫大于孝"，国君可以用孝治理国家，臣民能够用孝立身理家。

明·盛茂烨《山水册页》

12 《大学》第一章

朱熹说："《大学》之书，古之大学所以教人之法也。"《大学》这部书记录了古代教育的原则与方法，如"三纲领"（明明德、亲民、止于至善），"八条目"（格物、致知、诚意、正心、修身、齐家、治国、平天下）等。由于其重要意义，朱熹特意将其从《礼记》中摘出，与《中庸》《论语》《孟子》合为"四书"，成为儒家学派最重要的经典之一，里面关于道德修养的基本原则与方法，至今仍有启发性。

大学之道①，在明明德②，在亲民③，在止于至善。

知止④而后有定，定而后能静，静而后能安，安而后能虑，虑而后能得。物有本末，事有终始。知所先后，则近道矣。

古之欲明明德于天下者，先治其国；欲治其国者，先齐其家⑤；欲齐其家者，先修其身⑥；欲修其身者，先正其心；欲正其心者，先诚其意；欲诚其意者，先致其知⑦；致知在格物⑧。物格而后知至；知至而后意诚；意诚而后心正；心正而后身修；身修而后家齐；家齐而后国治；国治而后天下平。自天子以至于庶人⑨，壹是⑩皆以修身为本⑪。

其本乱而末⑫治者，否矣。其所厚者薄⑬，而其所薄者厚⑭，未之有也⑮！此谓知本，此谓知之至也。

注释

① 大学之道：大学的宗旨。古人八岁入小学，学习"洒扫应对进退、礼乐射御书数"等文化基础知识和礼节；十五岁入大学，学习伦理、政治、哲学等"穷理正心，修己治人"的学问。第二种含义同样也有"博学"的意思。"道"的本义是道路，引申为规律、原则等。

② 明明德：前一个"明"作动词，发扬、弘扬的意思。后一个"明"作形容词，明德也就是光明正大的品德。

③ 亲民：王阳明曾与弟子徐爱辨"亲民"和"新民"，认为"宜从旧本作'亲民'"，列在《传习录》首章，"说亲民便是兼教养意，说新民便觉偏了"。

④ 知止：知道目标所在。

⑤ 齐其家：管理好自己的家庭或家族，使家庭或家族兴旺发达。

⑥ 修其身：修养自身。

⑦ 致其知：彰显明德本心，诚明一致。

⑧ 格物：推究事物的原理。

⑨ 庶人：指平民百姓。

⑩ 壹是：一概，一律。

⑪ 本：根本。

⑫ 末：相对于"本"而言，指枝末、枝节。

⑬ 厚者薄：该重视的不重视。

⑭ 薄者厚：不该重视的却加以重视。

⑮ 未之有也：未有之也。没有这样的道理（事情、做法等）。

译 文

大学的宗旨在于弘扬光明正大的品德，并应用于生活，使人达到最完善的境界。知道应达到的境界才能够志向坚定；志向坚定才能够内心平静；内心平静才能够安定专注；安定专注才能够思虑周详；思虑周详才能够处事合宜。每一样东西都有根本有末节，每件事情都有开始有终结。明白了这本末始终的道理，就接近事物发展的规律了。

古代那些要想在天下弘扬光明正大品德的人，先要治理好自己的国家；要想治理好自己的国家，先要管理好自己的家庭和家族；要想管理好自己的家庭和家族，先要修养自身的品性；要想修养自身的品性，先要端正自己的心思；要想端正自己的心思，先要使自己的意念真诚；要想使自己的意念真诚，先要认知自我。要想认知自我，先要推究事物的发展的规律。通过推究事物发展的规律，认知自我，表里如一。意念才能真诚；意念真诚后心志才能端正；心志端正后才能修养品性；品性修养后才能管理好家庭和家族；管理好家庭和家族后才能治理好国家；治理好国家后才能平定天下。上自国家元首，下至平民百姓，一律都要以修养品性为根本。

若这个根本被扰乱了，家庭、国家、天下要治理好是不可能的。不分轻重缓急，本末倒置却想做好事情，这也同样是不可能的。这就叫知道了根本，这就是认知的最高境界。

拓 展

人生八岁，则自王公以下，至于庶人之子弟，皆入小学，而教之以洒扫、应对、进退之节，礼、乐、射、御、书、数之文。及其十有五年，则自天子之元子、众子，以至公、卿、大夫、元士之适子，与凡民之俊秀，皆入大学，而教之以穷理、正心、修己、治人之道。此又学校之教、大小之节所以分也。

——朱熹《大学章句序》

13 《论语》二则

　　我们经常称三十岁为而立之年，四十岁为不惑之年，五十岁为天命之年，这些说法其实是孔子在自述某个年龄阶段所达到的人生境界。今天的人们使用这种说法，一方面为标记年岁，更重要的是时时提醒并勉励自己。

　　子曰："吾十有五而志于学，三十而立，四十而不惑，五十而知天命，六十而耳顺，七十而从心所欲，不逾矩。"

——《为政篇第二》

　　子曰："可与共学，未可与适①道；可与适道，未可与立；可与立，未可与权②。"

——《子罕篇第九》

注释

　　① 适：往，至。
　　② 权：应变，变通。

译文

　　孔子说："我十五岁就立志学习，三十岁就能自立，四十岁对世事不再有疑惑，五十岁懂得了天命，六十岁能听得进各种意见，七十岁能随心所欲，但不会越出规矩。"
　　孔子说："可以同他一起学习的人，未必能一起走共同的道路；可以与他走共同的道路的人，未必能和他一起事事依礼而行；可以和他一起事事依礼而行的人，未必能和他一起变通灵活处理事情。"

拓展

　　淳（chún）于髡（kūn）曰："男女授受不亲，礼与？"
　　孟子曰："礼也。"
　　曰："嫂溺，则援之以手乎？"
　　曰："嫂溺不援，是豺狼也。男女授受不亲，礼也；嫂溺，援之以手者，权也。"

曰:"今天下溺矣,夫子之不援,何也?"曰:"天下溺,援之以道;嫂溺,援之以手,子欲手援天下乎?"

——《孟子·离娄上》

14 《论语》二则

　　对于孔子的思想境界，当时诸如颜回、子贡等弟子中的贤者便赞叹不已。我们今天在孔庙前看到的"万仞宫墙"便出自子贡对孔子的赞颂之词。宋代理学家朱熹更是对孔子做出这样的评价"天不生仲尼，万古长如夜"，可见其思想对后世产生了何等重要的影响。

　　颜渊喟然①叹曰："仰之弥②高，钻之弥坚。瞻之在前，忽焉在后。夫子循循然善诱人，博我以文，约我以礼，欲罢不能。既竭吾才，如有所立卓尔。虽欲从之，末③由也已。"

——《子罕篇第九》

　　叔孙武叔④语大夫于朝曰："子贡贤于仲尼。"子服景伯⑤以告子贡。子贡曰："譬之宫墙，赐之墙也及肩，窥见室家之好。夫子之墙数仞，不得其门而入，不见宗庙之美、百官⑥之富。得其门者或寡矣。夫子之云不亦宜乎！"

——《子张篇第十九》

注释

① 喟(kuì)然：叹气的样子。
② 弥：更加。
③ 末：没有。
④ 叔孙武叔：鲁国大夫，名州仇，谥"武"。
⑤ 子服景伯：鲁国大夫，名何，谥"景伯"。
⑥ 官：通"馆"，指房舍。

译文

　　颜渊感叹地说："我的老师的学问道德，越抬头看越觉得高，越钻研越觉得深。看着好像在前面，忽然又到后面去了。老师善于有步骤地引导我们，用各种文献丰富我的知识，用一定的礼节来约束我的行为，想要停止学习都不可能。我已经用尽我的才力，好像有一个高高的东西立在我的面前，虽然想要追随上去，却没有前进的路径了。"

叔孙武叔在朝廷上对官员们说："子贡比仲尼要强一些。"子服景伯把这话告诉了子贡。子贡说："就用围墙作比喻吧，我家的围墙只有肩膀那么高，从墙外就可以看到里面房屋的美好；老师的围墙却有几丈高，找不到大门走进去，就看不见里面宗庙的雄伟、房舍的富丽。能够找到大门的人或许太少了。那么，叔孙武叔先生那样说，不也是自然的吗？"

拓 展

太史公曰：诗有之："高山仰止，景行行止。"虽不能至，然心乡往之。余读孔氏书，想见其为人。适鲁，观仲尼庙堂车服礼器，诸生以时习礼其家，余祇回留之不能去云。天下君王至于贤人众矣，当时则荣，没则已焉。孔子布衣，传十余世，学者宗之。自天子王侯，中国言六艺者折中于夫子，可谓至圣矣！

——汉·司马迁《史记·孔子世家》

15　孟子·梁惠王上（节选）

　　梁惠王重利益，孟子重仁义，孟子见到梁惠王又是如何宣讲"仁""义"的呢？孟子用高超的谈话技巧，或避重就轻，或正反对比，或类比推理，把自己的仁政观点娓娓道出。

　　孟子见梁惠王。王曰："叟^①，不远千里而来，亦将有以利吾国乎？"

　　孟子对曰："王，何必曰利？亦有仁义而已矣。王曰：'何以利吾国？'大夫曰：'何以利吾家？'士庶人^②曰：'何以利吾身？'上下交^③征利^④而国危矣！万乘^⑤之国，弑^⑥其君者必千乘之家；千乘之国，弑其君者必百乘之家。万取千焉，千取百焉，不为不多矣。苟^⑦为后义而先利，不夺不餍^⑧。未有仁而遗其亲者也，未有义而后其君者也。王亦曰仁义而已矣，何必曰利？"

注 释

① 叟（sǒu）：老先生。

② 庶人：平民。

③ 交：交互，互相。

④ 征：取。

⑤ 乘：特指配有一定数量兵士的战车。

⑥ 弑：以下杀上，以卑杀尊。

⑦ 苟：如果。

⑧ 餍（yàn）：饱，满足。

译 文

　　孟子晋见梁惠王。惠王说："老先生不辞千里长途的辛劳而来，是不是将给我国带来利益呢？"

　　孟子答道："王何必非要说利益呢？也要有仁义才行呢。如果王只是说：'怎样才有利于我的国家呢？'大夫也说：'怎样才有利于我的封地呢？'那一般士子和老百姓也都会说：'怎样才有利于我自己呢？'这样，上上下下都互相追逐私利，国家便危险了！在拥有一万辆兵车的国家里，杀掉它的国君的，一定是拥有一千辆兵车的大夫；在拥有一千辆兵车的国家里，杀掉它的国君的，一定是拥有一百辆兵车的大夫。在一万辆里头，他就拥有一千辆，在一千辆里头，他就拥有一百辆，这些大夫的产业不能不说是够多的了。假若他把'义'抛诸脑后而事事'利'字当先，那他不把国君的一切都剥夺，是不会满足的。从没有以'仁'存心的人会遗弃父母的，也没有以'义'存心的人会怠慢君上的。王只要讲仁义就可以了，为什么一定要讲'利'呢？"

拓 展

先看《大学》，次《语》《孟》，次《中庸》。果然下功夫，句句字字，涵泳切己，看得透彻，一生受用不尽。只怕人不下工，虽多读古人书，无益。书只是明得道理，却要人做出书中所说圣贤工夫来。若果看此数书，他书可一见而决矣。

——宋·朱熹《朱子语类》

明·董其昌《仿宋元人缩本画跋册》

16　读《论语》《孟子》法

[宋]朱　熹

　　《论语》《孟子》作为中华传统文化经典，其重要意义不言而喻。今天的我们应该以怎样的方法去研读呢？宋代理学家程颐的话也许会给我们一些启示。

　　程子①曰："学者当以《论语》《孟子》为本。《论语》《孟子》既治，则六经可不治②而明矣。读书者当观圣人所以作经之意，与圣人所以用心，圣人之所以至于圣人，而吾之所以未至者，所以未得者。句句而求③之，昼诵而味④之，中夜而思之，平其心，易其气，阙其疑，则圣人之意可见矣。"

——《四书章句集注》

注释

　　① 程子：对程颐的尊称。

　　② 治：深究。

　　③ 求：探求。

　　④ 味：品味。

译文

　　程子说："学习的人应当以《论语》《孟子》这两本书为根本。《论语》和《孟子》通晓以后，那么六经即便是不深究，也会明了于心。读书的人，应当看明白圣人作这些经典的意图，弄清楚圣人作这些的心思。找到圣人之所以能够达到圣人的境界，而我们没有达到，没有明白圣人的心思的原因。逐句探求，天天诵读品味，直至半夜仍在思考，平正心思，改变意气，留存疑问，不做随意判断，那么圣人的用意也就可以慢慢理解了。"

拓展

　　《四书章句集注》是朱熹最有代表性的著作之一，朱熹为此书倾注了毕生心力，诚如他自己所说"毕力钻研，死而后已"。《四书章句集注》较系统地反映了朱熹的理学思想，使理学成为官方哲学，成为官定的必读注本和科举考试的依据。

17　说文解字·叙（节选）

上古之人结绳记事，太过繁杂，于是仓颉创造了文字。汉字是最古老的文字之一，也是最美的文字，汉字的系统学习离不开字典。东汉时期，许慎编撰了我国历史上第一部字典——《说文解字》，并在其叙言中对汉字的起源作了阐述。

古者庖羲氏①之王②天下也，仰则观象于天，俯则观法于地，视鸟兽之文与地之宜，近取诸身，远取诸物，于是始③作《易》八卦，以垂宪象④。及神农氏结绳为治，而统其事，庶业其繁，饰伪萌生。黄帝之史官仓颉⑤，见鸟兽蹄远之迹，知分理之可相别异也，初造书契。仓颉之初作书，盖依类象形，故谓之文。其后形声相益，即谓之字。文者，物象之本；字者，言孳乳⑥而浸多也。著于竹帛谓之书。书者，如也。

注释

① 庖羲氏：即伏羲。
② 王：统治。
③ 始：开始。
④ 宪象：观测推算天象。
⑤ 仓颉：名颉，俗称仓颉先师，又曰史皇氏、苍王、仓圣。原始象形文字的创造者。
⑥ 孳乳：派生。

译文

上古伏羲治理天下的时候，上则观察星象于天，下则观察现象于地，又看到鸟兽的纹理和地理的形状，近的取法自身，远的取法他物，于是开始创作了《易经》的八卦，用它来表示各种现象。至神农时代，使用结绳记事的办法治理社会，管理当时的事务，后来社会上的行业和杂事日益繁多，掩饰作伪的事儿也不断发生。黄帝的史官仓颉，看到鸟兽足迹，知道纹理不同，可以互相区别，开始创造了文字。仓颉在开始创造文字的时候，依照事物的形象大概画出它们的图形，所以叫作"文"。后来形旁声旁相互结合就叫作"字"。"文"是表示事物的本然现象，"字"就是由文派生出来而逐渐增多的。写在竹帛上的叫作"书"。"书"意味着写事像其事。

拓 展

　　《说文解字》，中国第一部系统地分析字形和考究字源的字典，作者东汉许慎。其首创部首排检法，对每个字的字形、字义作了分析解释，有的字还注了读音，是研究中国文字学的重要著作。

清·方琮《山水十开》

文化记忆一·中医

中医药文化源远流长。中医与京剧、武术、书法并称为国粹。中医学，记录了中华民族几千年来同疾病作斗争的丰富经验和理论知识，是一笔宝贵的财富。

中国古代名医

炎帝，是中国上古时期姜姓部落的首领，号神农氏。传说他由于懂得用火而得到王位，所以称为炎帝。相传炎帝牛首人身，亲尝百草，发展用草药治病。

黄帝，姬姓，轩辕氏。从《黄帝内经》（托名黄帝所著）一书起，针灸就一直流传，从古至今，生生不息。针灸之术流传至今，黄帝作为针灸鼻祖，也被人们称为"针灸之祖"。

明·仇英《帝王道统万年图册·炎帝像》

明·仇英《帝王道统万年图册·黄帝像》

扁鹊（前407—前310），姓秦，名越人，从青少年时就定居内丘鹊山（山因扁鹊而得名）。他以鹊山为基地开展医疗活动，创建了许多医学思想体系。

华佗（约145—208），精通内、外、妇、儿、针灸各科。华佗最大的成就，就是首创用全身麻醉法施行外科手术，他也因此被后世尊为"外科鼻祖"。

孙思邈（581—682），唐朝京兆华原人，医德高尚，医术精湛。

李时珍（约1518—1593），字东壁，号频湖，明朝蕲州人。他长期上山采药，深入民间，参考历代医书800余种，经27年的艰苦，著成《本草纲目》，所载药物共1758种，是到16世纪为止中国最系统、最完整、最科学的一部医药学著作。

古代中医典籍

《黄帝内经》，中国现存最早的研究人的生理学、病理学、诊断学、治疗原则和药物学的传统医学巨著，是中国医药学发展的理论基础和源泉。

《伤寒杂病论》，东汉张仲景（约150—约215）所著。书中包括六经辨证、杂病辨证、平脉法，对六淫病邪风、寒、暑、伤寒杂病论湿、燥、热等论述较为详尽。同时，书中还列举了许多病例，并保存了大量有效方剂。

《神农本草经》，简称《本草经》，是中国现存最早的药学专著。

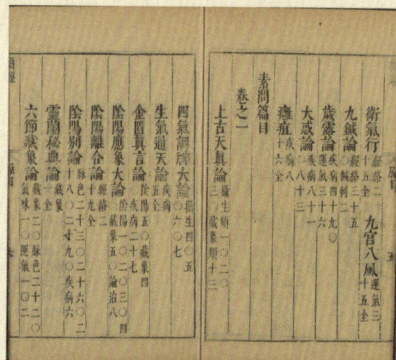
《黄帝内经》

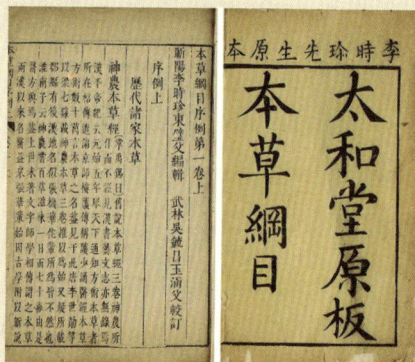
《本草纲目》

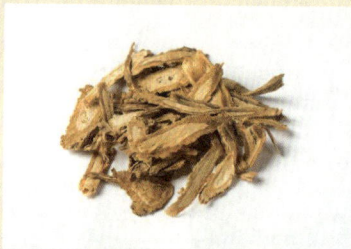

半夏

白芷

防风

史部

　　史之为道，撰述欲其简，考证则欲其详。莫简于《春秋》，莫详于《左传》。鲁史所录，具载一事之始末，圣人观其始末，得其是非，而后能定以一字之褒贬。此作史之资考证也。丘明录以为传，后人观其始末，得其是非，而后能知一字之所以褒贬。此读史之资考证也。苟无事迹，虽圣人不能作《春秋》。苟不知其事迹，虽以圣人读《春秋》，不知所以褒贬。……然则古来著录，于正史之外兼收博采，列目分编，其必有故矣。今总括群书，分十五类。首曰正史，大纲也。次曰编年，曰别史，曰杂史，曰诏令奏议，曰传记，曰史钞，曰载记，皆参考纪传者也。曰时令，曰地理，曰职官，曰政书，曰目录，皆参考诸志者也。曰史评，参考论赞者也。

　　　　　　——清·纪昀等《四库全书总目·史部总叙》

译文

　　史家的方法，撰写史传就想求简洁，考证史实就想要周详。没有比《春秋》更简洁的了，没有比《左传》更周详的了。鲁国史书所著录的，详细地记录了每件事的始末，圣人看到史事的始末，便能判断事件的对错，然后才能确定一个字的褒奖或贬斥，这就是史籍可以作为考证的原因。左丘明笔录下来作《春秋左传》，后人能够看到史事的始末，便能判断事件的对错，然后才能明白一个字的褒奖或贬斥，这就是读史书可以进行考证的原因。如果没有事迹，即使圣人也不能作《春秋》；如果不明白事迹，即使圣人读《春秋》，也不能明白褒贬的原因。……然而自古以来的著述，在正史之外广泛收录采用，罗列书目，分别编撰，一定是有原因的。现在统揽史籍，分为十五类：首先是正史类，作为史学的大纲；其次有编年类、别史类、杂史类、诏令奏议类、传记类、史钞类、载记类、都参考了纪传；还有时令类、地理类、职官类、政书类、目录类，都参考了各种书志；又有史评类，参考了史书中的论赞。

　　　　　　　　——清·纪昀等《四库全书总目·史部总叙》

18　鸿门宴

[汉]司马迁

　　司马迁在《史记》中多角度描述了楚汉战争,鸿门宴是其中最为脍炙人口的经典情节之一。在鸿门宴中,司马迁不仅塑造出栩栩如生的文学形象,而且深刻地揭示了人物命运,暗示了楚汉战争的走势。深入体会细节描写,谈谈你对其中历史人物形象的看法。

　　沛公旦日从百余骑①来见项王,至鸿门,谢曰:"臣与将军戮力而攻秦,将军战河北,臣战河南,然不自意②能先入关破秦,得复见将军于此。今者有小人之言,令将军与臣有郤。"项王曰:"此沛公左司马曹无伤言之;不然,籍何以至此。"项王即日因留沛公与饮。项王、项伯东向坐,亚父南向坐。亚父者,范增也。沛公北向坐,张良西向侍。范增数目③项王,举所佩玉玦④以示之者三,项王默然不应。范增起,出召项庄,谓曰:"君王为人不忍⑤,若入前为寿,寿毕,请以剑舞,因击沛公于坐,杀之。不者,若属⑥皆且为所虏。"庄则入为寿。寿毕,曰:"君王与沛公饮,军中无以为乐,请以剑舞。"项王曰:"诺。"项庄拔剑起舞,项伯亦拔剑起舞,常以身翼蔽⑦沛公,庄不得击。于是张良至军门见樊哙⑧。樊哙曰:"今日之事何如?"良曰:"甚急。今者项庄拔剑舞,其意常在沛公也。"哙曰:"此迫矣,臣请入,与之同命⑨。"哙即带剑拥盾入军门。交戟之卫士欲止不内,樊哙侧其盾以撞,卫士仆地,哙遂入,披帷西向立,瞋目⑩视项王,头发上指,目眦⑪尽裂。项王按剑而跽⑫曰:"客何为者?"张良曰:"沛公之参乘⑬樊哙者也。"项王曰:"壮士,赐之卮酒。"则与斗卮酒。哙拜谢,起,立而饮之。项王曰:"赐之彘肩⑭。"则与一生彘肩。樊哙覆其盾于地,加彘肩上,拔剑切而啖之。项王曰:"壮士,能复饮乎?"樊哙曰:"臣死且不避,卮酒安足辞!夫秦王有虎狼之心,杀人如不能举,刑人如恐不胜,天下皆叛之。怀王与诸将约曰'先破秦入咸阳者王之'。今沛公先破秦入咸阳,毫毛不敢有所近,封闭宫室,还军霸上,以待大王来。故遣将守关者,备他盗出入与非常也。劳苦而功高如此,未有封侯之赏,而听细说⑮，欲诛有功之人，此亡秦之续耳。窃为大王不取也。"项王未有以应，曰："坐。"樊哙从良坐。坐须臾，沛公起如厕，因招樊哙出。

沛公已出，项王使都尉陈平召沛公。沛公曰："今者出，未辞也，为之奈何？"樊哙曰："大行不顾细谨，大礼不辞小让。如今人方为刀俎，我为鱼肉，何辞为⑯。"于是遂去。乃令张良留谢。良问曰："大王来何操⑰？"曰："我持白璧一双，欲献项王；玉斗一双，欲与亚父。会⑱其怒，不敢献。公为我献之。"张良曰："谨诺。"当是时，项王军在鸿门下，沛公军在霸上，相去四十里。沛公则置⑲车骑，脱身独骑，与樊哙、夏侯婴、靳强、纪信等四人持剑盾步走⑳，从郦山下，道㉑芷阳间行㉒。沛公谓张良曰："从此道至吾军，不过二十里耳。度我至军中，公乃入。"

沛公已去，间至军中。张良入谢，曰："沛公不胜杯杓㉓，不能辞。谨使臣良奉白璧一双，再拜献大王足下，玉斗一双，再拜㉔奉大将军足下。"项王曰："沛公安在㉕？"良曰："闻大王有意督过㉖之，脱身独去，已至军矣。"项王则受璧，置之坐上。亚父受玉斗，置之地，拔剑撞而破之，曰："唉！竖子㉗不足与谋。夺项王天下者必沛公也，吾属今为之虏矣。"沛公至军，立诛杀曹无伤。

——《史记·项羽本纪》

注 释

① 从百余骑：带领随从一百多人。骑，一人一马为一骑。

② 不自意：自己想不到。

③ 目：用眼色示意。

④ 玦：环形而有缺口的佩玉。

⑤ 忍：狠心。

⑥ 若属：你们这班人。

⑦ 翼蔽：遮蔽，掩护。翼，用翼遮盖，保护。

⑧ 樊哙：刘邦麾下战将。

⑨ 与之同命：跟沛公拼命。

⑩ 瞋目：睁大眼睛。

⑪ 眦：眼眶。

⑫ 跽：长跪，挺直上身跪起来。

⑬ 参乘：即"骖乘"，古代主将战车上居于右侧担当护卫的人。

⑭ 彘肩：猪腿。

⑮ 细说：指小人的谗言。

⑯ 何辞为：还告什么辞。

⑰ 何操：带了什么。操，持，拿。

⑱ 会：正赶上，恰巧。

⑲ 置：放下，丢下。

⑳ 步走：徒步跑，指不骑马乘车。

㉑ 道：取道，经过。

㉒ 间行：抄小道走。

㉓ 不胜杯杓：意思是不胜酒力。杯杓，两种酒器，这里借指酒。

㉔ 再拜：恭敬的意思。

㉕ 安在：在哪里。

㉖ 督过：责备。

㉗ 竖子：小子。

译文

　　刘邦带领一百多人马来见项羽，到达鸿门，谢罪道："我和将军合力攻打秦国，将军在黄河以北，我在黄河以南作战，我没有料想到能够先攻入秦国，能够在这里再见到将军。现在有小人制造流言，使将军和我生了嫌隙。"项羽说："这是你左司马曹无伤说的。如果不是这样，我怎么会这样对你呢？"项羽当天就留下刘邦同他一起饮酒。项羽、项伯面向东坐，亚父面向南坐，亚父就是范增。刘邦面向北坐，张良陪坐面向西。范增多次暗示项羽，举起自己佩带的玉玦向项羽多次示意，项羽都没有回应。范增站起来，召来项庄，对他说："君王不能下狠心。你进去上前祝酒，祝酒完后，就请求舞剑助兴，趁机把刘邦击倒在座位上，并杀掉他。不然的话，所有人都将被他所俘虏！"项庄就进去祝酒。祝酒完后，说："君王和沛公饮酒，这军营里也没有可以娱乐的事，允许我用舞剑为大家助兴吧。"项羽说："准允了。"项庄就拔出剑舞起来。项伯也拔出剑舞了起来，像鸟张开翅膀一样，常常用身体掩护刘邦，项庄没有机会进行刺杀。张良见状，到军营门口找樊哙。樊哙问："今天的事情怎么样了？"张良说："里面很危急！现在项庄拔剑起舞，可他的意图常在沛公身上，想行刺他啊！"樊哙说："这太危险了，请让我进去，跟他拼命。"于是樊哙拿着剑，持着盾牌，冲入军门。门口守卫持戟交叉阻止他进去，樊哙拿着盾牌侧着身撞去，守卫跌倒在地上，樊哙闯了进去，掀开帷帐朝西站着，瞪着眼睛盯着项王，头发都直竖起来，睁的眼角都裂开了。项王手下按着剑挺起身问："来者何人？"张良说："是沛公的参乘樊哙。"项王说："真是位壮士！赏他一杯酒。"手下就递给他一大杯酒，樊哙拜谢后，站起身，把酒喝了。项王又说："再赏他一条猪前腿。"于是给了他一个生的猪前腿。樊哙把他的盾牌扣在地上，把猪的前腿放在盾上，拔出剑来切着就吃起来。项王说："真是位壮士！还能再喝酒吗？"樊哙说："我死都不怕，还会推辞一杯酒吗？秦王心肠如虎狼一样，杀人唯恐不能杀尽，惩罚人唯恐不能用尽酷刑，所以天下人都背离他。怀王曾经和大家约定：'先打败秦军进入咸阳的人封为王。'现在沛公先打败了秦军进入咸阳，一点儿东西都不敢动用，封闭了宫室，军队也退回到霸上，等待您到来。特意派遣将领把守函谷关的原因是防备其他的盗贼发生意外的变故。如此劳苦功高，没有得到封侯的赏赐，反而听信小人谗言，想杀有功的人，这只是延续灭亡的秦朝罢了。大王不应该采取这样的做法。"项王无言以对，说："坐。"樊哙挨着张良坐下。坐了一会儿，刘邦借口去上厕所，趁机把樊哙喊出来。

刘邦出去后，项王派都尉陈平去叫刘邦回来。刘邦说："现在出来，还没有当面告辞，这该怎么办？"樊哙说："做大事的人不必在意小细节，有大礼节不用回避小的责备。现在人家好比是菜刀和砧板，我们就是砧板上的鱼和肉，还告辞干什么呢？"于是就决定离去。刘邦就让张良留下来道歉。张良问："大王来时带了什么东西当礼物？"刘邦说："我带了一对玉璧，想献给项王；一双玉斗，想送给亚父。却碰见他们正发火，没敢奉献。你替我把它们献上吧。"张良说："好。"这时候，项王的军队驻扎在鸿门，刘邦的军队驻扎在霸上，相隔四十里。刘邦就留下车辆和随从人马，独自骑马脱身，和樊哙、夏侯婴、靳强、纪信四人拿着剑和盾牌徒步逃跑，从郦山脚下，走芷阳，抄小路离开。刘邦对张良说："从这条路到我们军营，不过二十里而已，估计我回到军营里后，你再进去。"

刘邦离开后，走小路回到军营里。张良才进去道歉，说："沛公不胜酒力，不能当面告辞了。让我奉上一对白璧，叩拜敬献给大王；一双玉斗，再献给大将军。"项王问："沛公在哪里？"张良说："听说大王想要责备他，独自离开了，现在已经回到军营。"项王接受了玉璧，把它放在座位上。亚父接过玉斗，放在地上，拔出剑来敲碎了它，说："唉！这小子不值得和他共谋大业！将来夺走项王天下的一定是沛公。我们这些人就要成为他的俘虏了！"刘邦回到军营，立即杀掉了曹无伤。

拓展

太史公曰：吾闻之周生曰"舜目盖重瞳子"，又闻项羽亦重瞳子。羽岂其苗裔邪？何兴之暴也！夫秦失其政，陈涉首难，豪杰蜂起，相与并争，不可胜数。然羽非有尺寸，乘势起陇亩之中，三年，遂将五诸侯灭秦，分裂天下，而封王侯，政由羽出，号为"霸王"，位虽不终，近古以来未尝有也。及羽背关怀楚，放逐义帝而自立，怨王侯叛己，难矣。自矜功伐，奋其私智而不师古，谓霸王之业，欲以力征经营天下。五年卒亡其国，身死东城，尚不觉寤而不自责，过矣。乃引"天亡我，非用兵之罪也"，岂不谬哉！

——汉·司马迁《史记·项羽本纪》

清·方琮《山水十开》

19　孔子见老子

〔汉〕司马迁

　　在历史的某个节点上,有时会出现奇妙的双子星,彼此辉映,如孔子与老子、李白与杜甫、苏轼与黄庭坚等。苏黄是一生挚友,李杜曾经樽酒细论文,孔子也曾去洛邑拜见老子。司马迁在《史记》中记述了孔子见老子时的情形,两位伟大的中国圣哲会面时会说些什么呢?

　　鲁南宫敬叔言鲁君曰:"请与孔子适周。"鲁君与之一乘车,两马,一竖子①俱,适②周问礼,盖见老子云。辞去,而老子送之曰:"吾闻富贵者送人以财,仁人者送人以言。吾不能富贵,窃仁人之号,送子以言,曰:'聪明深察而近于死者,好议人者也。博辩广大危其身者,发人之恶者也。为人子者毋③以有己,为人臣者毋以有己。'"孔子自周反④于鲁,弟子稍益⑤进焉。

——《史记·孔子世家》

注释

① 竖子:童仆。
② 适:去,到。
③ 毋:不要。
④ 反:同"返",返回。
⑤ 益:增多。

译文

　　鲁人南宫敬叔对鲁昭公说:"请您允许孔子前往周京洛邑。"鲁昭公给他们一辆车、两匹马,还有一名童仆随行,前往周京洛邑询问周礼,拜见了老子。孔子告辞离去时,老子送他,说:"我听说富贵之人赠送给人财物,仁义之人赠送给人言语。我不能富贵,只好借仁人的名义,送你几句话:'聪慧明白洞察一切反而面临死亡的人,是喜好议论他人的人。博学善辩宽广宏大反而危及其身的人,是揭发别人丑恶的人。做人儿子的就不要有自己,做人臣子的就不要有自己。'"孔子从周京返回鲁国,投到他门下的弟子逐渐增多。

拓展

　　《孔子世家》是《史记》中的一篇，详细地记述了孔子的生平及各方面的成就，是研究孔子思想的最重要的历史文献之一。《史记》中共有 30 篇《世家》，主要记载自西周至西汉初各主要诸侯国的兴衰历史。"王侯开国，子孙世袭"，也就是诸侯爵位封邑世代相传，故名《世家》。司马迁将孔子传列入《世家》，可见对孔子的敬仰与赞颂。

清·恽寿平《仿古山水册》

20　汉书·艺文志（节选）

［汉］班　固

　　《艺文志》是史传书籍，开创"九流十家"之祖。"九流十家"一词便出自《汉书·艺文志略序》。清代学者王鸣盛说："不通《汉书·艺文志》，不可以读天下书。《艺文志》者，学问之眉目，著述之门户也。"可见《艺文志》的重要性。

　　昔仲尼没①而微言②绝，七十子丧而大义乖。故《春秋》分为五，《诗》分为四，《易》有数家之传。战国从衡③，真伪分争，诸子之言纷然殽乱。至秦患④之，乃燔⑤灭文章，以愚黔首。汉兴，改秦之败，大收篇籍，广开献书之路。迄孝武世，书缺简脱，礼坏乐崩，圣上喟然而称曰："朕甚闵⑥焉！"于是建藏书之策，置写书之官，下及诸子传说，皆充秘府。至成帝时，以书颇散亡，使谒者陈农求遗书于天下。诏光禄大夫刘向校经传诸子诗赋，步兵校尉任宏校兵书，太史令尹咸校数术，侍医李柱国校方技。每一书已，向辄条其篇目，撮⑦其指意，录而奏之。会⑧向卒，哀帝复使向子侍中奉车都尉歆卒父业。歆于是总群书而奏其《七略》，故有《辑略》，有《六艺略》，有《诸子略》，有《诗赋略》，有《兵书略》，有《术数略》，有《方技略》。今删其要，以备篇辑。

注释

① 没：通"殁"，死亡。

② 微言：含义精深的言论。

③ 从衡：指战国时代七国之间纵横错杂的政治形势。

④ 患：忧虑。

⑤ 燔（fán）：焚烧。

⑥ 闵：忧虑，担心。

⑦ 撮（cuō）：汇总。

⑧ 会：正好，恰巧。

译文

自从孔子死后精要微妙之言也就中断了，七十弟子死后，经典要义的解释也就出现了分歧。所以解释《春秋》分为《左氏传》《公羊传》《谷梁传》《邹氏传》《夹氏传》五家，解《诗》分为《毛诗》《齐诗》《鲁诗》《韩诗》四家，解《易》也分为好几家。战国时合纵连横，真伪争论不休，诸子的学说纷纷，混乱不清。到了秦始皇对这种状况感到害怕时，他们便烧毁文章，以愚弄百姓。汉朝建立后，革除秦朝的弊端，大规模征收书籍文章，广开献书的门路。到孝武帝时代为止，书籍残缺，竹简脱落，礼节遭到破坏，乐礼被摧毁。皇上喟然而叹道："对这些事情朕感到很悲哀！"于是建立了藏书的简册，设置了抄书的官员，一直到诸子传说，都充实到秘府。到成帝的时候，由于书籍散失的特别厉害，就派谒者陈农向天下征求分散的书籍。命令光禄大夫刘向校经传、诸子、诗赋，步兵校尉任宏校兵书，太史令修有关天文历法的书籍，侍医李柱国校医药之书。每校完一部书，刘向就整理编目，概括其大意，录下来把它上奏给皇帝。刘向死后，哀帝又派刘向的儿子侍中奉车都尉刘歆完成父亲的事业，刘歆于是总结所有书籍而把《七略》上奏给皇帝。所以就有了《辑略》，有了《六艺略》《诸子略》《诗赋略》《兵书略》《术数略》和《方技略》。现在删去多余部分，只留下主要的，以使所收书篇更完备。

拓展

《汉书·艺文志》为班固所撰《汉书》"十志"之一。其体例及内容根据刘歆的《七略》加以删补而成，班固删去了《七略》中的"辑略"，将其变成总序冠于全志之首，用以叙述汉朝国家藏书源流及其部类划分概况。其共分六大类，也即"六略"，分别为六艺、诸子、诗赋、兵书、术数、方伎，按类列出书目、撰者与篇章卷数。书目下有简要小注，或介绍撰者，或解释书中内容，或说明书的来历，或记篇目多少，或断定书的存佚及真伪考辨，材料则完全来源于《七略》。每种文献目录之后，必计总数，后附段小序，大体叙述其学术源流，评论是非得失。其《六艺略》专门著录儒家经类文献，分《易》《书》《诗》《礼》《乐》《春秋》《论语》《孝经》《小学》九种。《诸子略》中著录儒家著作53家836篇。《汉书·艺文志》所著录的经类文献及儒家著作，为全面研究西汉时期的儒学著述情况及其发展倾向提供了宝贵的参考材料。

清·王翚《仿古四季山水图》

21 楚接舆妻（节选）

［汉］刘 向

后世人对接舆妻子的评价是能"乐道远害"，并说只有德行极高的人，才能做到这一点。在接舆坚持的道义之心有所动摇时，是她的深明大义让接舆坚守住了自己的初心，隐居而不出仕，让他在乱世之中远离了祸患。

楚狂接舆之妻也。接舆躬耕以为食，楚王使使者持金百镒、车二驷，往聘迎之，曰："王愿请先生治淮南。"接舆笑而不应，使者遂不得与语而去。妻从市来，曰："先生以而为义，岂将老而遗之哉！门外车迹，何其深也？"接舆曰："王不知吾不肖也，欲使我治淮南，遣使者持金驷来聘。"其妻曰："得无许之乎？"接舆曰："夫富贵者，人之所欲也，子何恶，我许之矣。"妻曰："义士非礼不动，不为贫而易操，不为贱而改行。妾事先生，躬耕以为食，亲绩以为衣，食饱衣暖，据义而动，其乐亦自足矣。若受人重禄，乘人坚良①，食人肥鲜，而将何以待之！"接舆曰："吾不许也。"妻曰："君使不从，非忠也。从之又违，非义也。不如去之。"夫负釜甑②，妻戴纴器③，变名易姓而远徙，莫知所之。君子谓接舆妻为乐道而远害，夫安贫贱而不怠于道者，唯至德者能之。诗曰："肃肃兔罝，椓之丁丁。"言不怠于道也。

——《烈女传·贤明传》

注释

① 坚良：代指坚车、良马。

② 釜(fǔ)甑(zèng)：釜和甑。古炊煮器名。

③ 纴器：纺织工具。

译文

楚接舆妻，是楚国狂人接舆的妻子。接舆亲自耕种，供自己吃喝。楚王派使者拿着百镒金子、两辆四马车去聘请接舆，说："大王想请先生来治理淮南。"接舆笑而不答应,使者最终没有得到回答离开了。接舆的妻子从市场回来,问:"先生一生坚持仁义,难道到老来要丢弃吗?门外马车的痕迹,怎么那么深呢?"接舆说:"大王不知道我品行不行,想让我治理淮南,派遣使者持金子和车马来聘请我。"妻子问:"你答应了吗?"接舆说:"富贵人人都想得到,你难道会厌恶,我已经答应了。"妻子说:"仁义之士不合礼仪的事情不会去做,也不会因为贫苦便改变自己的操行。我侍奉先生,亲自耕种,有食物可吃,亲自纺织,有衣服可穿。能吃饱穿暖,根据仁义做事,其中的快乐我已经很满足了。如果接受了人家丰厚的俸禄,乘坐着人家的马车,吃着人家鲜美的食物,那么等待你的会是什么?"接舆说:"我不答应了。"妻子说:"如果你不答应,是不忠;如果答应了,又不合仁义,不如离开这里吧。"于是,接舆拿着锅盆,妻子拿着纺织的器具,改名换姓迁往远方,没有人知道他们去了哪里。君子说接舆妻子为了乐道而远离祸害,能安于贫贱而坚持道义不松懈,只有有德行的人才能做到。《诗经》上说:"肃肃兔罝,椓之丁丁。"说的就是坚持道义而不松懈。

拓 展

接舆,春秋时代楚国著名的隐士,平时"躬耕以食",因对当时社会不满,剪去头发,佯狂不仕,所以也被人们称为楚狂接舆。

清·王鉴《仿宋元山水图册》

22　风胡子论剑

[汉]袁　康　吴　平

　　本文回顾了自神农时期到春秋时期的兵器材料的发展，强调兵器应该掌握在圣明之君的手中，才能发挥应有的作用。文章叙述生动，不乏想象、夸张之处，虽然归入史部，但已具备文言小说的特征。

　　晋、郑王闻而求之①，不得，兴师围楚之城，三年不解②。仓谷粟索，库无兵革。左右群臣、贤士，莫能禁止。于是楚王闻之，引泰阿③之剑，登城而麾④之。三军破败，士卒迷惑，流血千里，猛兽欧瞻，江水折扬，晋、郑之头毕白。楚王于是大悦，曰："此剑威耶？寡人力耶？"风胡子对曰："剑之威也，因大王之神。"楚王曰："夫剑，铁耳，固能有精神若此乎？"风胡子对曰："时⑤各有使然。轩辕、神农、赫胥之时，以石为兵，断树木为宫室，死而龙臧。夫神圣主使然。至黄帝之时，以玉为兵，以伐树木为宫室，凿地。夫玉，亦神物也，又遇圣主使然，死而龙臧。禹穴之时，以铜为兵，以凿伊阙，通龙门，决江导河，东注于东海。天下通平，治为宫室，岂非圣主之力哉？当此之时，作铁兵，威服三军。天下闻之，莫敢不服。此亦铁兵之神，大王有圣德⑥。"楚王曰："寡人闻命⑦矣。"

——《越绝书》

注　释

　　① 之：指晋王与郑王听说欧冶子、干将铸造了三把剑：龙渊、泰阿、工布。欧冶子与干将均为铸剑师。

　　② 解：撤兵。

　　③ 泰阿（ē）：是中国古代十大名剑之一，是东周时期越国欧冶子和吴国干将两大剑师联手所铸。

　　④ 麾：指挥。

　　⑤ 时：时代。

　　⑥ 圣德：圣明之德。

　　⑦ 命：通"明"，明白。

译文

晋王、郑王听到后就来求取这几把宝剑，没有得到，于是兴兵围攻楚国都城，包围了三年还不撤兵。城内粮仓的粮食都吃完了，兵库中的武器装备也消耗殆尽。而楚王身边的亲信、大臣和贤士们也没有办法解围。于是，楚王知道后就手持泰阿剑，登上城楼，亲自指挥作战。于是，晋国三军大败而退，士兵都心神迷乱，血流千里，猛兽纷纷跑来观望，江水为之回流，晋王、郑王的头发一下子全白了。楚王大为喜悦，说："这是宝剑的神威？还是由于我的勇力呢？"风胡子回答说："是宝剑的神威，但也得助于君王的神勇。"楚王说："宝剑只是铁铸造的，原本能有这样的精气神威吗？"风胡子回答说："时代不同了，是时代让它具有了这样的神威。在轩辕、神农、赫胥氏的时代，用石头作兵器，拣取折断的树木搭成棚屋，人死了就把土堆在尸体上安葬。这是神圣的君主教导人们这样做的。到黄帝的时代，用玉石制作兵器，有意识地砍伐树木来建造房舍，人死后挖地土葬。玉石，是神奇灵异之物，但这也是遇到了圣德的君主，才教导人们这样做的。禹的时代，用铜铸造兵器，还用铜制成工具后去开凿伊阙，疏通龙门，将江、河之水引导向东，流入东海。当时，天下顺畅太平，于是修治宫室，这难道不是依赖圣明君主的力量吗？现在这个时代，铸造铁的兵器，用武力来威慑控制军队；天下听到后，没有人胆敢不归顺屈服的了。这就是铁质兵器的神威，也正表明君主具有圣明之德。"楚王说："我明白了。"

拓展

《越绝书》主要记载了春秋时期吴越两国的历史，另附有秦至汉光武帝建武二十八年（52）的史事。该书原为25篇，除首篇《外传本事》是讲编者意图及概述，末篇《序外传记》是自序外，其余17篇都是春秋时期吴越两国史事，比较注重记叙伍子胥、子贡、范蠡、文种、计倪、扶同等人的政治、外交、军事活动。《越绝书》是一部文学性很强的史书，文笔纵横曼衍，博奥伟丽。《四库全书总目》将其列入"史部载记类"。

载记类为中国图书分类四分法中史部的一个类别，记载不属于正统王朝的割据政权的史迹，如《吴越春秋》《十六国春秋》。早在梁朝阮孝绪编《七录》时，为了区别正史，设立了伪史类，《隋书·经籍志》改称为霸史类。《四库全书总目》认为"当时僭撰，久已无存。存于今者，大抵后人追记而已，曰霸曰伪，皆非其实也"，将此类书籍改称为载记类。

清·王时敏《仿赵伯驹山水》

23　荀彧①识鉴

[西晋] 陈　寿

　　荀彧作为曹操统一北方的首席谋臣和功臣,被称为"王佐之才"。他居中持重十数年,处理军国事务,被敬称为"荀令君"。他在献计、举人方面多有建树,被曹操称为"吾之子房"。"劝奉天子""明以举贤"都出自荀彧的谋划。

　　建安元年,太祖②击破黄巾。汉献帝自河东还洛阳。太祖议奉迎都许,彧以山东未平,韩暹、杨奉新将天子到洛阳,北连张杨,未可卒制。彧劝太祖曰:"昔晋文纳周襄王而诸侯景从,高祖东伐为义帝缟素而天下归心。自天子播越,将军首唱义兵,徒以山东扰乱,未能远赴关右,然犹分遣将帅,蒙险通使,虽御难于外,乃心无不在王室,是将军匡天下之素志也。今车驾旋轸,东京榛芜③,义士有存本之思,百姓感旧而增哀。诚因此时,奉主上以从民望,大顺也;秉至公以服雄杰,大略也;扶弘义以致英俊,大德也。天下虽有逆节④,必不能为累,明矣。韩暹、杨奉其敢为害!若不时定,四方生心,后虽虑之,无及。太祖遂至洛阳,奉迎天子都许。天子拜太祖大将军,进彧为汉侍中,守尚书令。常居中持重,太祖虽征伐在外,军国事皆与彧筹焉。太祖问彧:谁能代卿为我谋者?彧言荀攸、锺繇。先是,彧言策谋士,进志才。志才卒,又进郭嘉。太祖以彧为知人,诸所进达皆称职,唯严象为扬州,韦康为凉州,后败亡。

——《三国志·魏书·荀彧传》

注释

　　① 荀(xún)彧(yù)(163—212):字文若,颍阳(今河南省许昌市区)人,东汉末年政治家。

　　② 太祖:曹操(155—220),字孟德,小字阿瞒,沛国谯郡(今安徽省亳州市)人。东汉末年军事家、政治家及诗人。

　　③ 榛(zhēn)芜(wú):草木丛杂,形容荒凉的景象。

　　④ 逆节:叛逆的念头或行为。

译 文

汉献帝建安元年（196），太祖率军攻破黄巾军。汉献帝从河东返回洛阳。太祖想要将献帝迎到许县，有人认为山东地区还没平定，韩暹、杨奉刚将天子迎到洛阳，往北又与张杨联合，还不能立刻控制他们。荀彧劝说太祖："从前晋文王奉迎周襄王，诸侯无不跟随，汉高祖东征项羽之时，为义帝穿丧服，天下万民都愿意归顺。自从天子开始逃亡，将军您是第一个呼吁起兵的，只是因为山东地区乱象纷纷，所以一直未能奔向关右地区，但还是分兵派出将领，冒着风险和朝廷联络，虽然在外努力挽救朝廷危难，但心里一直牵挂着王室，这是一直以来匡扶天下的志向。现在天子返回洛阳，但洛阳破败荒芜，城中义士都有保存朝廷的想法，百姓更因感念天子而哀伤不已。应该趁着这个时机，奉迎天子回归，顺应民意，这是很好的做法；怀着大公无私的想法，就会使天下英雄豪杰都信服，这就是雄才大略；匡扶正义，使天下英杰都前来归顺，这是有大德。这样就算天下有人反叛，也一定不会成为我们的祸患，这是很明确的。韩暹、杨奉这些人又怎么敢作恶呢！现在如果不趁实际平定，各地的人都生出狼子野心，那就算以后再来考虑，也是来不及的。"太祖就到了洛阳，奉迎天子迁都许县。天子授予太祖大将军之职，提升荀彧为汉侍中，代理尚书令。荀彧一直在朝中处理政务，太祖虽然在外征讨，但军国大事都和荀彧商讨。太祖问荀彧："有谁能代替你为我谋划事情呢？"荀彧说："荀攸、钟繇可以。"之前，荀彧谈到谋士，推荐了戏志才。戏志才死后，又举荐了郭嘉。太祖认为荀彧善于识人，他所举荐的人都是称职的，只有推荐严象为扬州刺史，韦康为凉州刺史后，他们之后都战败身亡了。

拓 展

《三国志》，二十四史之一，西晋陈寿著，宋文帝以陈寿所著记事过简，命裴松之作补注，后二者并行于世。此书是三国时代的断代史，在二十四史中评价较高。

清·王鉴《仿古山水》

24 白虎观

[南朝宋] 范 晔

白虎观，修缮儒学之所。汉章帝建初年间，为了巩固儒家思想的统治地位，使儒学与谶纬之学进一步结合起来，召集各地儒生于洛阳白虎观，讨论五经异同，这就是历史上有名的白虎观会议，其也成为中国倡导学术自由的里程碑。

建初中，大会诸儒于白虎观，考详同异，连月乃罢。汉章帝亲临称制，如石渠故事，顾命史臣，着为通义。又诏高才生受《古文尚书》《毛诗》《穀梁》《左氏春秋》，虽不立学官，然皆擢①高第②为讲郎，给事近署③，所以网罗遗逸，博存众家。

——《后汉书·章帝纪》

注 释

① 擢（zhuó）：选拔，提拔。

② 高第：指优秀人才。

③ 给（jǐ）事近署：官名。给事中为与帝王接触密切的官员。

译 文

建初年间，邀请诸位大儒于白虎观聚会，考核差异，一连几个月。汉章帝亲临指示，如汉宣帝甘露三年（前51）与诸儒韦玄成、梁丘贺等讲论于石渠阁故事。命令史臣，著为《白虎通义》。又诏令高才生受《古文尚书》《毛诗》《穀梁》《左氏春秋》，虽然不立学官，但是都把这些优秀的人才选拔为讲郎、给事近署，这是为了收集遗漏，广存众家。

拓 展

白虎观会议结束后，班固将讨论结果编撰成《白虎通德论》，又称《白虎通义》，作为官方钦定的经典刊布于世。"三纲六纪"自此确定，并将"君为臣纲"列为三纲之首，使封建纲常伦理系统化、绝对化。

清·王时敏《山水十开》

25　水经注·漯水

[北魏] 郦道元

　　《水经注》的许多篇章善于抓住景物特点进行描写,寥寥几笔,便能将景物的神韵表现出来,而且语句以四言为主,骈散结合,读来别具情味。

　　桑干枝水①又东流,长津委②浪,通结两湖,东湖西浦③,渊潭相接,水至清深;晨凫④夕雁,泛滥其上,黛甲素鳞⑤,潜跃其下。俯仰⑥池潭,意深鱼鸟⑦,所寡⑧惟良木耳。

注释

① 桑干枝水:今称黄水河,发源于山西省朔州市南,至应县西北入桑干河。

② 委:弯曲,曲折。

③ 浦(pǔ):这里指湖泊。

④ 凫(fú):野鸭。

⑤ 黛甲素鳞:代指鱼鳖等水族。黛,青黑色。素,白色。

⑥ 俯仰:本指低头和抬头,这里代指"观望"。

⑦ 意深鱼鸟:寄深意于鱼鸟,物我交融。

⑧ 寡:少。

译文

　　桑干枝水向东流去,长长的河流弯弯曲曲,连通两湖泊,东湖和西面湖泊一水相连,潭水极清且深;早晚都有野鸭在湖上浮游,鱼鳖等水族潜游于水下。观望池潭,寄深意于鱼鸟,物我交融,美中不足的只是缺少良木而已。

拓展

　　今惟去泰去甚,择尤雅者录之。凡芜滥之编,皆斥而存目。其编类,首宫殿疏,尊宸居也。次总志,大一统也。次都会郡县,辨方域也。次河防,次边防,崇实用也。次山川,次古迹,次杂记,次游记,备考核也。次外纪,广见闻也。若夫《山海经》《十洲记》之属,体杂小说,则各从其本类,兹不录焉。

——《四库全书总目·地理类》

26　李白传

[后晋] 刘　昫

　　他身处开元盛世，三分啸剑气，七分酿月光，绣口吐盛唐；他浪漫有才情，豪放又洒脱，沉浸在诗情画意之中。他就是集仙气、侠气为一身的大诗人李白。就让我们跟随《李白传》走进"诗仙"充满传奇色彩的一生。

　　李白，字太白，山东①人。少有逸才，志气宏放，飘然有超世之心。父为任城尉，因家焉。少与鲁中诸生孔巢父、韩沔、裴政、张叔明、陶沔等隐于徂徕山，酣歌纵酒，时号"竹溪六逸"。

　　天宝初，客游会稽，与道士吴筠隐于剡中。既而玄宗诏筠赴京师，筠荐之于朝，遣使召之，与筠俱待诏翰林。白既嗜酒，日与饮徒醉于酒肆。玄宗度曲，欲造乐府新词，亟召白，白已卧于酒肆矣。召入，以水洒面，即令秉笔，顷之成十余章，帝颇嘉之。尝沉醉殿上，引足令高力士脱靴，由是斥去。乃浪迹江湖，终日沉饮。时侍御史崔宗之谪官②金陵，与白诗酒唱和。尝月夜乘舟，自采石达金陵。白衣宫锦袍，于舟中顾瞻笑傲，旁若无人。

　　初，贺知章见白，赏之曰："此天上谪仙人也。"禄山之乱，玄宗幸蜀，在途以永王璘为江淮兵马都督、扬州节度大使。白在宣州谒见③，遂辟④从事。永王谋乱，兵败。白坐，长流夜郎。后遇赦，得还，竟以饮酒过度，醉死于宣城。有文集二十卷行于时。

　　　　　　　　　　　　　　　　　　　　——《旧唐书·文苑传下》

注释

① 山东：崤（xiáo）山以东。
② 谪官：贬官。
③ 谒见：拜见。
④ 遂辟：于是。

译文

李白字太白，崤山以东人氏。年轻时就有超群的才能，志向远大，气质豪放，俊逸潇洒有超越尘世的心志。父亲任城县尉，于是就把家安在了任城。李白年轻时同鲁中孔巢父、韩沔、裴政、张叔明、陶沔等文士隐居在徂徕山，尽情吟诗饮酒，当时被称为"竹溪六逸"。

唐玄宗天宝（742—756）初年，李白游学到了会稽，同道士吴筠隐居到剡中。吴筠被征召到朝廷，就把李白推荐给朝廷，与吴筠一起出任翰林供奉。李白酷爱饮酒，每天都同嗜酒者在酒馆喝得酩酊大醉。玄宗作了曲子，想要作乐府新词，急切地召见李白，李白却已经醉卧在酒馆了。把李白召入宫，用冷水浇他的脸，马上命令他写诗。不一会儿，李白就写出十余首，皇帝非常赞许他。李白曾经在金殿上大醉，伸出脚来命令高力士给他脱靴子，因此被斥责离开长安。于是，李白浪迹江湖，一天到晚沉浸在酒中。当时侍御史崔宗之被贬官到金陵，与李白吟诗饮酒互相酬答。李白曾经在月夜乘船，从采石直达金陵。他身穿宫中锦袍，在船里顾盼自雄，谈笑自如，好像旁若无人。

当初贺知章见到李白，赞赏他："这是从天上贬谪人间的仙人啊！"安禄山作乱，玄宗驾临西蜀，在途中让永王李璘当了江淮兵马都督、扬州节度大使，李白在宣州拜见永王，于是被召为从事。永王阴谋作乱，兵马被击败，李白被牵连远放到夜郎。后来遇上大赦才得以放还，最后因饮酒过量，死在了宣城。著有文集二十卷，在当时社会广泛传播。

拓展

《旧唐书》，二十四史之一，后晋刘昫等撰，成书于后晋出帝开运二年（945），原名《唐书》。由于欧阳修、宋祁等所编著的《新唐书》问世，故改称《旧唐书》。《旧唐书》的修撰距离唐朝灭亡时间不远，资料来源比较丰富。

清·石涛《山水册》

27 景佺居宰

[宋]欧阳修 宋 祁

　　古代社会历来重视"祥瑞"与"灾异"之说。祥瑞是指自然现象中对人有益的吉祥征兆，如出现景星、庆云、嘉禾、芝草等。灾异是指自然现象中对人有害的异常的凶兆，如日食、群鸟投水等。古人认为祥瑞与灾异都是天意的昭示，而统治者应相应的庆贺或儆戒。唐朝宰相杜景佺曾有一段关于"秋天梨树开花"是否为祥瑞的廷辩，其用意是什么呢？武则天又为何称其为"真宰相"呢？

　　延载元年，（杜景佺）检校凤阁侍郎、同凤阁鸾台平章事。后尝季秋出梨华示宰相以为祥，众贺曰："陛下德被草木，故秋再华。"景佺独曰："阴阳不相夺伦，渎即为灾。故曰：冬无愆阳，夏无伏阴，春无凄风，秋无苦雨。'今草木黄落，而木复华，渎阴阳也。窃①恐陛下布德施令，有所亏紊。臣位宰相，助天治物，治而不和，臣之咎②也。"顿首请罪。后曰："真宰相！"

——《新唐书·杜景佺传》

注 释

　　① 窃：担心。
　　② 咎：过失，罪过。

译 文

　　武则天延载元年，杜景佺调任检校凤阁侍郎、同凤阁鸾台平章事。武则天曾在晚秋拿出梨花给宰相看认为是国家的祥瑞，众人祝贺说："陛下恩泽草木，所以才会在秋天再次开花。"只有杜景佺说："阴阳不能改变次序，改变就会有灾祸。所以说：'冬天没有异常的温暖，夏天没有异常的寒冷，春天无寒风，秋天没有久下不停的雨。'现在草木枯黄凋落，可是梨树又开花，违背了自然规律啊。我担心陛下施行仁德、发布号令，有不足的地方。我位居宰相，协助天子治理万物，治理却不和顺，是臣的罪过。"于是叩头请罪。武则天说："这是真正的宰相啊！"

拓展

　　《新唐书》，二十四史之一，北宋时期宋祁、欧阳修、范镇、吕夏卿等人合撰。全书共225 卷，包括本纪 10 卷，志 50 卷，表 15 卷，列传 150 卷。

清·恽寿平《瓯香馆写生册·洛阳花》

28　李煜亡国

［宋］欧阳修

　　"做个才人真绝代,可怜薄命做君王",这是前人对南唐后主李煜的一声叹息。李煜是杰出的诗人,但也是一个昏庸的君王。读了下面正史的记载,我们应该能够更深入地理解"春花秋月何时了""人生长恨水长东"之类的李煜后期词作。

　　(李)煜字重光,初名从嘉,璟第六子也。煜为人仁孝,善属文,工书画,而丰额①、骈齿,一目重瞳子。

　　…………

　　开宝四年,煜遣其弟韩王从善朝京师,遂留②不遣。煜手疏求从善还国,太祖皇帝不许。煜尝怏怏以国蹙为忧,日与臣下酣宴,愁思悲歌不已。……

　　煜性骄侈③好声色又喜浮图④,为高谈,不恤⑤政事。……

　　七年,太祖皇帝遣使诏煜赴阙,煜称疾不行。王师南征,煜遣徐铉、周惟简等奉表朝廷求缓师,不答。八年十二月,王师克金陵。九年,煜俘至京师,太祖赦之,封煜违命侯,拜左千牛卫将军。其后事具⑥国史。

　　　　　　　　　——《新五代史·南唐世家·李煜传》

注释

　　① 丰额:额头很宽。
　　② 留:扣留。
　　③ 骄侈:骄矜奢侈。
　　④ 浮图:奉佛。
　　⑤ 恤:关心。
　　⑥ 具:详细。

译文

　　李煜,字重光,初名从嘉,是李璟的第六个儿子。李煜为人仁义而且孝顺,善于作诗文，又善于写字作画。他的额头很宽，两个前齿并成一个，有一只眼睛里有两个瞳仁。…………

宋太祖开宝四年（971），李煜派他的弟弟韩王李从善到宋京朝拜，李从善被宋朝扣留，没有被送回。李煜亲笔写信求宋朝让他的弟弟从善回南唐，宋太祖还是不允许他弟弟回去。李煜曾经因为国家日益困窘而怏怏不乐，满怀忧愁，成天和臣子饮酒，愁思悲歌，不能自已。……

李煜性格骄矜奢侈，喜爱声色，又喜奉佛，爱高谈阔论，不理政事。……

开宝七年，宋太祖派使者持诏书宣李煜赴宋京，李煜推托有病，不肯入宋京。宋朝大军南征，李煜派徐铉、周惟简等人上表向宋朝请求暂缓军事进攻，宋太祖不答复。开宝八年十二月，宋师攻克金陵。开宝九年，李煜被俘至宋京，宋太祖赦免了他，封他为"违命侯"，授任左千牛卫将军。他的后事详见于本朝国史。

拓展

《新五代史》，二十四史之一，宋欧阳修编撰。原名《五代史记》，后世为区别于薛居正等官修的《五代史》，称为《新五代史》，记载了自后梁太祖开平元年（907）至后周恭帝显德七年（960）共54年的历史。《新五代史》撰写时，增加了《旧五代史》所未能见到的史料，因此内容更加翔实。《新五代史》是唐宋以后唯一的私修正史，在中国史学史上有着重要的地位。

清·王武《花卉册》

29　杨震拒金

［宋］司马光

清廉，即清正廉洁，古往今来被奉为从政处事的基本品质。被称为"关西孔子"的杨震，道德学问为人景仰，其拒金自律的操行也为人称颂。

当之郡，道经昌邑，故所举荆州茂才①王密为昌邑令，夜怀金十斤以遗（杨）震。震曰："故人知君，君不知故人，何也？"密曰："暮夜无知者。"震曰："天知，地知，我知，子知，何谓无知者！"密愧而出。后转涿郡太守。性公廉，子孙常蔬食、步行；故旧或欲令为开产业，震不肯，曰："使后世称为清白吏子孙，以此遗②之，不亦厚乎！"

——《资治通鉴》卷四十九

注　释

① 茂才：秀才，因避光武帝刘秀的名讳，故改名"茂才"。

② 遗：赠送。

译　文

杨震在前往东莱郡的路上，途经昌邑，他先前所举荐的荆州茂才王密正担任昌邑县令。夜里，王密揣着十斤金来送给杨震。杨震说："故人（指杨震）了解你，你却不了解故人，这是为什么？"王密说："黑夜之中，没有人知道。"杨震说："天知，地知，我知你知，怎能说没有人知道！"于是王密惭愧地走了。杨震后转任涿郡太守。他公正清廉，子孙经常以蔬菜为食，徒步出行。有的故人旧友劝杨震为子孙置办产业，但杨震不肯，他说："使后代说他们是清官的子孙，把这当作遗产留下，不也很丰厚吗！"

拓　展

宋人或得玉，献诸子罕，子罕弗受。献玉者曰："以示玉人，玉人以为宝也，故敢献之。"子罕曰："我以不贪为宝，尔以玉为宝，若以与我，皆丧宝，不若人有其宝。"稽首而告曰："小人怀璧，不可以越乡。纳此以请死也。"子罕置诸其里，使玉人为之攻之，富而后使复其所。

——《左传·襄公十八年》

30 贞观君臣论治（节选）

［宋］袁 枢

"水能载舟,亦能覆舟""为政之要,唯在得人",所以唐太宗广招贤才,知人善任,实行舒缓刑罚、宽政安民、轻徭薄赋、休养生息的政策。古人说君明臣直,这是实现"贞观之治"的主要原因。

上与群臣论止盗。或请重法以禁之,上哂①之曰:"民之所以为盗者,由赋繁役重,官吏贪求,饥寒切身,故不暇②顾廉耻耳。朕当去奢省③费,轻徭薄赋,选用廉吏,使民衣食有余,则自不为盗,安用重法邪!"自是数年之后,海内升平,路不拾遗,外户不闭,商旅野宿焉。……

臣光曰:古人有言:"君明臣直。"裴矩任于隋而忠于唐,非其性之有变也,君恶闻其过则忠化为佞,君乐闻直言则化为忠。是知君者表也,臣者景也,表动则景随矣。

——《通鉴纪事本末》

注 释

① 哂（shěn）讥笑。
② 不暇:顾不上。暇,空闲。
③ 省（shěng）:减少。

译 文

唐太宗和群臣讨论禁止盗匪的问题。有的人请求以重刑来止盗,太宗笑他说:"百姓成为盗匪的缘故,是因为赋税繁多,徭役沉重,官吏又贪欲勒索,百姓饥寒交迫,因此顾不上廉耻罢了。我要放弃奢华节省费用,减轻徭役减少赋税,选用清廉官吏使百姓衣食有余,那么百姓就自然不偷盗了,又何必严刑重法呢!"从此几年以后,天下太平,路不拾遗,外门不闭,商贩行旅也敢露宿野外。……

史臣司马光评论说:古人有句话:"君主明察则臣下多直言。"裴矩在隋朝阿谀奉承是位佞臣,在唐朝却很忠诚,并不是他的本性发生了变化,君主不愿听自己的过错,那么忠诚就变为谄媚,君主喜欢听直言劝谏,那么谄媚就变为忠诚。由此可知,君主如同测影的表,臣下就像影子,表动影子也随着动。

拓展

纪事本末是史部的一个门类名,记述事情的始末或具陈一件事的始末的史籍。中国早期史书主要有两大体裁,一是纪传体,一是编年体。这两种体裁各有优缺点。纪传体往往容易出现内容重复的现象;编年体虽然时间概念很强,但是很破碎。因此后来便出现了另一体裁,取两家之长,补两家之短,形成了很独特的叙述方式,这就是纪事本末。

清·石涛《花卉册》

31 《金石录后序》（节选）

[宋] 李清照

　　子曰："知之者不如好之者，好之者不如乐之者。"只要不断地追求高尚的人生目标，并以之为乐，就一定会有所成就。赵明诚、李清照伉俪情投，以读书、收藏为乐，赵明诚著成《金石录》，李清照在《金石录后序》中记录了二人衣食简朴而内心充盈的生活，读来让人动容。

　　余性偶强记，每饭罢，坐归来堂①烹茶，指堆积书史，言某事在某书、某卷、第几叶②、第几行，以中否角③胜负，为饮茶先后。中即举杯大笑，至茶倾覆怀中，反不得饮而起。甘心老是乡矣。故虽处忧患困穷，而志不屈。收书既成，归来堂起书库，大橱簿甲乙④，置书册。如要讲读，即请钥⑤上簿，关出⑥卷帙。或少损污，必惩责揩完涂改，不复向时之坦夷⑦也。是欲求适意，而反取憀慄⑧。余性不耐⑨，始谋食去重肉⑩，衣去重采⑪，首无明珠、翠羽之饰，室无涂金、刺绣之具。遇书史百家，字不刓缺⑫，本不讹谬者，辄市之，储作副本。自来家传《周易》《左氏传》，故两家者流，文字最备。于是几案罗列，枕席枕藉⑬，意会心谋，目往神授，乐在声色狗马之上。

注释

① 归来堂：赵李二人退居青州时住宅名，取陶渊明《归去来兮辞》意。

② 叶：同"页"。

③ 角（jué）：较量。

④ 簿甲乙：分类登记。

⑤ 请钥：取钥匙。

⑥ 关出：检出。

⑦ 坦夷：随意无所谓的样子。

⑧ 憀（liáo）慄（lì）：不安貌。

⑨ 不耐：无能，缺乏持家的本事。

⑩ 重肉：两样荤菜。

⑪ 重采：两件绸衣。
⑫ 刓(wán)缺：缺落。
⑬ 枕藉：堆积。

译文

我天性博闻强记，每次吃完饭，和赵明诚坐在归来堂上烹茶，指着堆积的书史，说某一典故出在某书某卷第几页第几行，二人以猜中与否来定胜负，然后以胜负作为饮茶的先后。猜中了举杯大笑时，常常不小心把茶倒在衣襟上，反而饮不到一口。真愿意这样过一辈子！虽然处在忧患困穷之中，但心志从未屈服。收集的书籍达到了要求，就在归来堂中建起书库，把大橱编上号码，分类放上书册。如需讲读，就拿来钥匙开橱，在簿子上登记，然后取出所要的书籍。如果谁把书籍损坏或弄脏了一点，定要责令此人揩拭干净，不再像原来那样随意。所以想求适意反而心生不安。我没有操持家务的本领，就开始打算不上第二道荤菜，不穿第二件绣有文彩的衣裳，头上没有明珠翡翠的首饰，室内没有镀金刺绣的家具。节省钱财，遇到想要的书籍，只要字不残缺、版本没有错误的就马上买下，储存起来作为副本。向来家传的《周易》和《左传》，原有两个版本源流，文字最为完备。于是罗列在几案上，堆积在枕席间，我们用心研究，往往有所会心，这种乐趣远远超过流连声色犬马。

拓 展

目录类是四部分类中史部的门类之一，著录经籍、金石等的目录书归入此类。自刘向、刘歆校书而成《七略》《别录》，目录书的体裁渐趋完备。此后，目录学逐渐发展，成为研究中国古代学术发展源流的重要材料，为我们了解古籍情况提供了方便。

《金石录》是宋代赵明诚所著的金石学专著。赵明诚(1081—1129)，字德甫，一作德父，密州诸城人，著名词人李清照之夫。此书将其家藏三代彝器及汉唐以来石刻，仿造欧阳修《集古录》进行编排，材料翔实，考证精当，与欧书并称"欧赵之学"。

清·石涛《花卉山水册页》

32　营造法式序（节选）

［宋］李　诚

古代建筑能够体现前人的哲学思想与礼仪制度。我们在生活中要格外留心，才能发现古代建筑物蕴含的人文精神与思想内涵。具体请参阅《文化记忆二·古代建筑》。

臣闻"上栋下宇"，《易》为"大壮①"之时；"正位辨方"，《礼》实太平之典。"共工②"命于舜日；"大匠③"始于汉朝。各有司存，按为功绪。

注　释

① 壮：坚固。
② 共工：是帝舜设置的"共理百工之事"的官。
③ 大匠：是"制作大匠"的简称，是汉朝开始设置的专管营建的官。

译　文

我听说，《周易》上栋下宇，以蔽风雨之句，说的是"大壮"的时期；《周礼》"唯王建国，辨正方位"，就是天下太平时候的典礼。"共工"这一官职，在帝舜的时候就有了；"将作大匠"是从汉朝开始设置的。这些官职都有它的职责，分别做自己的工作。

拓　展

政书类是四部分类中史部的门类之一，是收入古代记述典章制度的图书。它广泛收集政治、经济、文化制度方面的材料，分门别类系统地加以组织，并详述各种制度的沿革等。一般分为两类，一类记述历代典章制度的通史式政书，名称中一般有"通"字，如《通典》《通志》《文献通考》；一类为记述某一朝代典章制度的断代式政书，称为会要、会典，如《唐会要》《明会典》。

《营造法式》，宋代李诫著。全书 36 卷，分"总例释例""制度""功限""料例""图样"五大部分，详细记载了当时各种建筑结构、构件、工料及施工工艺的规定。

33 苏轼作论

[元] 脱脱 等

　　进可燮理政务，退能居山水怡自身，深刻阐释儒家"达者兼济天下，贫者独善其身"的经事入世思想，也深刻演绎着超旷豁达的人生传奇，苏轼怎样开启他传奇的人生经历呢？

　　苏轼，字子瞻，眉州眉山人。生十年①，父洵游学四方，母程氏亲授以书，闻古今成败，辄能语②其要。程氏读东汉《范滂传》，慨然太息，轼请曰："轼若为滂，母许之否乎？"程氏曰："汝能为滂，吾顾不能③为滂母邪？"

　　比冠，博通经史，属文日数千言，好贾谊、陆贽书。既而读《庄子》，叹曰："吾昔有见，口未能言，今见是书，得吾心矣。"嘉祐二年，试礼部。方时文磔裂诡异之弊胜，主司欧阳修思有以救之，得轼《刑赏忠厚论》，惊喜，欲擢冠多士，犹疑其客曾巩所为，但置第二；复以《春秋》对义居第一，殿试中乙科。后以书见修，修语梅圣俞曰："吾当避此人出一头地。"闻者④始哗不厌，久乃信服。

　　　　　　　　　　　　　　　　　　　　——《宋史·苏轼传》

注 释

　　① 生十年：十岁时。

　　② 语：说出。

　　③ 顾不能：难道不能。

　　④ 闻者：听到的人。

译 文

　　苏轼，字子瞻，眉州眉山人。十岁时，父亲苏洵到四方游学，母亲程氏亲自教他读书，听到古今的成败得失，常能说出其中的要害。程氏读东汉《范滂传》，很有感慨，苏轼问道："我如果做范滂，母亲能答应吗？"程氏说："你能做范滂，我难道不能做范滂的母亲吗？"

到二十岁时，苏轼就精通经传历史，每天写文章几千字，喜欢贾谊、陆贽的书。不久读《庄子》，感叹说："我从前有的见解，嘴里不能说出，现在看到这本书，说到我心里了。"宋仁宗嘉祐二年（1057），苏轼参加礼部考试。当时文章晦涩怪异的弊习很重，主考官欧阳修想加以改正，见到苏轼的《刑赏忠厚论》，很惊喜，想定他为进士第一名，但怀疑是自己的门客曾巩写的，便放在了第二名；又以《春秋》经义策问取得第一，殿试中乙科。后来凭推荐信谒见欧阳修，欧阳修对梅圣俞说："我应当让这个人出人头地了。"听到的人开始哗然不服，时间久了就信服这个说法了。

拓 展

殿试，又称御试、廷试等，是唐、宋、元、明、清时期科举考试之一。殿试由内阁预拟，然后呈请皇帝选定，会试中选者始得参与，目的是对会试合格者进行区别、选拔官员等。

清·钱维城《山水花卉册·梵界经楼》

34　王维

[元] 辛文房

王维不仅是一位诗人，且多才多艺，世有"李白是天才，杜甫是地才，王维是人才"之说。苏轼说："味摩诘之诗，诗中有画；观摩诘之画，画中有诗。"

（王）维，字摩诘，太原人。九岁知属辞，工草隶，闲①音律。岐王重之。维将应举，岐王谓曰："子诗清越者，可录数篇，琵琶新声，能度一曲，同诣九公主第。"维如其言。是日，诸伶拥维独奏，主问何名，曰："《郁轮袍》"。因出诗卷。主曰："皆我习讽②，谓是古作，乃子之佳制乎！"延于上座曰："京兆得此生为解头，荣哉！"力荐之。开元十九年状元及第。擢右拾遗，迁给事中。贼③陷两京，驾出幸④，维扈从⑤不及，为所擒，服药称喑⑥病。禄山爱其才，逼至洛阳供旧职，拘于普施寺。贼宴凝碧池，悉召梨园诸工合乐，维痛悼，赋诗曰："万户伤心生野烟，百官何日再朝天。秋槐花落空宫里，凝碧池头奏管弦。"时闻行在⑦所。贼平后，授伪官者皆定罪，独维得免。仕至尚书右丞。

维诗入妙品上上，画思亦然。至山水平远，云势石色，皆天机所到，非学而能。自为诗云："当代谬词客，前身应画师。"后人评维"诗中有画，画中有诗"，信哉！客有以《按乐图》示维者，曰："此《霓裳》第三叠最初拍也。"对曲果然。笃志奉佛，蔬食素衣。丧妻不再娶，孤居三十年。别墅在蓝田县南辋川，亭馆相望。尝自写其景物奇胜，日与文士丘为、裴迪、崔兴宗游览赋诗，琴樽自乐。后表请舍宅以为寺。临终，作书辞亲友，停笔而化。代宗访维文章，弟缙集赋诗等十卷上之，今传于世。

——《唐才子传》

注释

① 闲：通"娴"，熟悉。

② 习讽：熟悉的、经常诵读的（诗作）。

③ 贼：指安禄山（703—757），营州柳城（今辽宁省朝阳市南）人。

④ 驾出幸：指唐玄宗出逃。

⑤ 扈从：随从护驾。

⑥ 喑：哑，不能说话。

⑦ 行在：皇帝驻留的地方。

译文

王维，字摩诘，太原人。九岁就能撰写诗文，尤其擅长草书隶书，对音律也十分熟悉。岐王非常看重他。王维将要参加科举考试，岐王对他说："你的诗清秀脱俗，可抄录几篇，再配上琵琶乐，就能谱写一支曲子，我们一起去九公主府第拜访。"王维按照岐王的话去做了。这一天，几个伶人簇拥王维独奏曲子，九公主问是什么曲子，王维回答说："这是《郁轮袍》。"王维于是拿出诗卷。九公主说："这些都是我经常诵读的很熟悉的诗作。我以为是古人的作品，没想到竟然是你的佳作啊！"于是请王维到上座说："京城能得到这个读书人作解元，真是荣幸！"九公主因此全力推荐王维。开元十九年王维考取状元，提拔做了右拾遗，不久就升迁给事中。叛军攻陷长安洛阳，皇帝出逃，王维随从护驾，但不幸掉队，被叛军擒获。他吃了哑药假装不能说话，但安禄山爱惜他的才华，逼迫他到洛阳担任原来的职务，并被拘禁在普施寺。叛军在凝碧池设宴，全部召见梨园乐工合奏各种器乐。王维痛悼赋诗："万户伤心生野烟，百官何日再朝天。秋槐花落空宫里，凝碧池头奏管弦。"诗在皇帝驻留的地方传诵。叛乱平定以后，凡是在叛军中任伪职的，朝廷都定了罪，只因皇上知道了王维在凝碧池吟诗所表露出的心迹，他才得以幸免。王维后来又官至尚书右丞。

王维的诗被列入妙品上上等，他的画构思也是这样。至于王维山水画中的平旷深远的意境、云朵的情势、山石的颜色，都出于天赋，并不是能学来的。他自己曾作诗道："当代谬词客，前身应画师。"后世人评价王维"诗中有画，画中有诗"，确实如此啊。有一个客人把《按乐图》给王维看，王维说："这是《霓裳》第三叠最初的节拍。"客人一对照原来的曲子，果真是这样。晚年，王维诚心信奉佛教，长期吃蔬菜，穿朴素衣服，妻子去世也不再娶，孤独地过了三十年。王维的别墅在蓝田县南面的辋川，亭台楼馆相互映衬。王维曾经描写那里与众不同的美景，每天与丘为、裴迪、崔兴宗等文人学士游览、写诗、弹琴饮酒，自得其乐。后来上表，请求把自己的住宅变为佛寺。临终前，写信辞别亲友，停下笔就坐化了。代宗寻求王维的文章，他的弟弟王缙将他的诗文编成十卷，献给皇上，他的诗文至今流传于世。

拓展

吴生虽妙绝，犹以画工论。摩诘得之以象外，有如仙翮谢笼樊。吾观二子皆神俊，又于维也敛衽无间言。

——宋·苏轼《王维吴道子画》

35 阳明之学

［清］张廷玉 等

　　王守仁创立的"阳明心学"是中国思想文化史上的重要学说之一。"阳明心学"不是唯心之学，也不仅仅是心理之学，而是中国古代思想家既强调道法自然，又主张天人合一，更重视人的主观能动性等一系列哲学思想的统一体，通过心即理、知行合一、致良知等实现了理论与实践的统一、主体与客体的统一和内圣与外王的统一。传承发扬"阳明心学"，有着重大的理论价值和现实意义。

　　王守仁，字伯安，余姚人。……弱冠举乡试，学大进。顾①益好言兵，且善射。……兵部尚书王琼素奇守仁才。（正德）十一年八月擢右佥都御史，巡抚南、赣。当是时，南中盗贼蜂起。……明年正月……守仁亲率锐卒屯上杭。佯退师，出不意捣之，连破四十余寨，俘斩七千有奇。……
　　………………
　　守仁天资异敏。年十七谒②上饶娄谅，与论朱子格物大旨。游九华归，筑室阳明洞中，数年无所得。谪③龙场，穷荒无书，日绎旧闻。忽悟格物致知，当自求诸心，不当求诸事物，喟然曰："道在是矣。"……学者翕然从之④，世遂有"阳明学"云。

　　　　　　　　　　　　　　　　　　　——《明史·王守仁传》

注释

①　顾：只是，但是。
②　谒：拜见。
③　谪：贬官。
④　翕然从之：一致听从他。翕然，指言论、行为一致。

译文

　　王守仁，字伯安，余姚人。……二十岁时乡试中举，学业大有长进。只是更加喜欢谈论军事，并且擅长射箭。……兵部尚书王琼一向对守仁的才能感到惊奇。……正德十一年（1516）八月守仁被提拔为右佥都御史，巡视安抚南、赣。在这时，南中地带盗贼蜂拥而起。……第二年正月……守仁亲自率领精锐的士卒驻扎在上杭。守仁假装撤兵，出其不意攻打敌人，俘获斩杀（敌人）七千有余。……

…………

守仁天生聪敏异常。十七岁时拜访上饶人娄谅，和他讲论朱子格物之学的大意。从九华山游历归来，在阳明洞中建造住室。专心学习，几年下来却没有什么收获。贬官于龙场时，荒僻之地无书可读，只好天天思索旧日已得的学识。一天，忽然悟到格物致知，应当自求于己心，而不能去向事物求索，慨然感叹说："道就在这里呀。"……当世学者翕然而听从，所以社会上有"阳明学"的称法。

拓展

王守仁（1472—1529），字伯安，号阳明，浙江余姚人，明朝思想家、文学家、军事家、教育家。弘治十二年（1499）中进士，历任贵州龙场驿丞、庐陵知县、右佥都御史、南赣巡抚、两广总督、南京兵部尚书、左都御史等职，接连平定南赣、两广盗乱及朱宸濠之乱，获封新建伯，成为明代凭借军功封爵的三位文臣之一。

清·邹一桂《花卉八开》

36　殷祝解（节选）

夏朝末年，商汤做了商部落的首领使部落日益强大起来。而此时的夏王朝国势日衰，其统治也愈发残暴。商汤王于是顺应民愿，以武力推翻夏王朝，建立了商王朝。下面是商汤流放夏王桀后在诸侯大会上的即位发言。

汤放桀，而复薄①三千诸侯大会，汤退，再拜，从诸侯之位。汤曰："此天子位，有道者可以处之，天下非一家之有也，有道者之有也。故天下者，唯有道者理之，唯有道者纪之，唯有道者宜久处之。"

汤以此让，三千诸侯莫敢即位，然后汤即天子之位。与诸侯誓曰："阴胜阳即谓之变，而天弗②施。雌胜雄即谓之乱，而人弗行。故诸侯之治，政在诸侯之大夫，治与从。"

——《逸周书》卷九

注　释

① 薄：古亳都。
② 弗：不。

译　文

汤放逐夏桀以后回到亳都，约集三千位诸侯大聚会。汤取来天子的印玺，放在天子座位的左边。商汤退下，两拜行礼，然后到诸侯的位次上。商汤说："这是天子的位置，有道的人可以坐上去。天下，不是一家独有的，而是有道的人所有的。所以，天下只有有道者治理它，只有有道者经纪它，只有有道者应该长久占有它。"

汤因此多次推让，三千诸侯没有谁敢去即位，然后商汤才坐到天子的位置上。还与众诸侯相约束说："阴胜阳，就叫作变，一变上天就不佑助；雌胜雄就叫作乱，一乱人们就不依从。所以诸侯治国理政，在于他的大夫的受治与顺从。"

拓　展

别史，史籍类别之一，区别于正史、杂史，是杂记历代或一代史实的史书，记载一代或历代史实的史书，是官定"正史"之外有体例、系统、组织的史书典籍。创始于南宋陈振孙《直斋书录解题》，用以著录"上不至于正史，下不至于杂史"之书。其后《宋史·艺文志》《千顷堂书目》《四库全书总目》等均有此项。"别史"形形色色，有纪传体，如《续汉书》；有编年体；有录体，如《明实录》《清实录》；还有会要体，如《唐会要》《宋会要》。

《逸周书》是中国古代历史文献汇编，又称《汲冢周书》。主要记载从周文王至周景王年间的时事。旧说《逸周书》是孔子删定《尚书》后所剩，是为"周书"的逸篇，因此得名。今人多以为此书主要篇章出自战国人之手，可能还经过后人改易或增附。

明·项圣谟《项圣谟花卉》

37 公输般为楚设机

公元前444年，楚军东侵准备北上攻宋，恰好巧匠公输般又制成了攻城利器云梯，更促成楚王攻宋的决心。墨子主张兼爱、非攻，反对非正义战争，他为制止楚国攻宋，从齐国出发，步行十天十夜，终于来到楚国都城郢都。那么，他将如何劝阻公输般与楚王呢？

公输般①为楚设机，将以攻宋。墨子闻之，百舍重茧，往见公输般，谓之曰："吾自宋闻子。吾欲借子杀人。"公输般曰："吾义固不杀人。"墨子曰："闻公为云梯②，将以攻宋。宋何罪之有？义不杀人而攻国，是不杀少而杀众。敢问攻宋何义也？"公输般服焉，请见之王。

墨子见楚王曰："今有人于此，舍其文轩③，邻有弊舆而欲窃之；舍其锦绣，邻有短褐④而欲窃之；舍其粱肉，邻有糟糠而欲窃之。此为何若人也？"王曰："必为有窃疾矣。"

墨子曰："荆之地方五千里，宋方五百里，此犹文轩之与弊舆也；荆有云梦⑤，犀⑥、兕⑦、麋、鹿盈之，江、汉鱼、鳖、鼋、鼍⑧为天下饶，宋所谓无雉兔、鲋鱼⑨者也，此犹粱肉之与糟糠也；荆有长松、文梓、楩⑩、楠⑪、豫章，宋无长木，此犹锦绣之与短褐也。恶以王吏之攻宋，为与此楩同类也。"王曰："善哉！请无攻宋。"

——《战国策·宋卫策》

注释

① 公输般：鲁国人，公输是姓，般是名，也写作"公输班"。
② 云梯：古代战争中攻城用的器械，因其高而称为云梯。
③ 文轩：装饰华美的车。文，彩饰。轩，有篷的车。
④ 短（shù）褐：粗布上衣。
⑤ 云梦：楚国的大泽，跨长江南北。
⑥ 犀：雄性的犀牛。
⑦ 兕：雌性的犀牛。
⑧ 鼋（yuán）、鼍（tuó）：巨鳖与鳄鱼。

⑨ 鲋（fù）鱼：鲫鱼。

⑩ 楩（pián）：一种树，亦称"黄楩木"。

⑪ 楠（nán）：即楠木。

译文

公输般为楚国制造攻城的云梯，预备用来攻打宋国。墨子听到这件事，步行万里，脚底磨起了厚茧，赶着去见公输般，对他说："我从宋国听说您的大名，我想请您为我杀人。"公输般回答："我是不会随便杀人的。"墨子说："听说您制造云梯之类的攻城器械，准备用来攻打宋国。宋国有什么罪呢？不乱杀人却攻打宋国，这不是少杀人而是多杀人。请问攻打宋国有什么理由呢？"公输般无言以对，请墨子觐见楚王。

墨子见到楚王，说道："假如这儿有一个人，放着自己华美的彩车不坐，却想去偷邻居家的一辆破车；放着自己锦绣织成的衣服不穿，却想去偷邻居的粗布短衫；放着自己家里的好饭好菜不吃，却去偷邻居的酒糟和糠皮。这是个什么样的人呢？"楚王说："一定是有偷东西的癖好。"

墨子接着说："楚国土地纵横五千里，而宋国才不过五百里，这就如同用华美的彩车和破车相比。楚国有云梦泽，到处都是犀、兕、麋、鹿等珍稀动物，长江、汉水里的鱼、鳖、鼋、鼍等珍稀鱼类是天下最多的，宋国只是一个连小兔、小鱼都没有的地方，这就好像美味和米糠一样；楚国有长松、文梓、楩、楠、豫樟这些珍贵的高大树木，宋国连普通的大树都没有，这就好像华丽的服装和粗布衣服一样。我认为大王的手下想去攻宋与此同类。"楚王说："您讲得太对了！我不会攻打宋国了。"

拓展

墨子提出了"兼爱""非攻""尚贤""节葬"等观点，在先秦时期影响很大，与儒家并称显学。战国时期的百家争鸣，有"非儒即墨"的说法。墨子弟子根据墨子生平事迹的史料，收集其语录，编成了《墨子》一书。

明·沈周《东庄图册》

38　赠颜真卿司徒诏（节选）

洪迈在《容斋随笔》中评价颜真卿："颜鲁公忠义大节，照映今古，岂唯唐朝人士罕见比伦，自汉以来，殆可屈指也。"观其生平，忠烈之称当之无愧，且看德宗李适在诏书中对他是如何评价的。

君臣之义，生录其功，没①厚其礼，况才优任国，忠至灭身，朕每兴叹，劳於寤寐。故光禄大夫守太子太师上柱国鲁郡公颜真卿，器质②自天，公忠杰出，出入四朝，坚贞一志。属③贼臣扰乱，委以存谕，拘胁累岁，死而不挠，稽其盛节④，实谓犹生。朕自贻斯祸，惭悼靡及⑤，式崇嘉命，兼延尔嗣。可赠司徒。仍赙⑥绢帛五百端，米三百石。男頵⑦、硕等，至丧制终后，所司闻奏，超授官秩⑧。

——《唐大诏令集》

⟪ 注 释 ⟫

① 没：同"殁"。
② 器质：资质，才识。
③ 属：恰好遇到。
④ 盛节：高尚的节操。
⑤ 靡及：来不及。
⑥ 赙（fù）：拿财物帮助人办丧事。
⑦ 頵（jūn）：古代人名用字。
⑧ 官秩：官吏的职位或依品级而定的俸禄，指授予官职。

⟪ 译 文 ⟫

按照君主奖励臣下的规矩，活着的时候论功行赏，去世之后增加礼遇，何况辅国才能优秀，至死仍不改忠贞，我时常感叹，以致夜不能寐。原任光禄大夫守太子太师上柱国鲁郡公颜真卿，才识天众，公正忠诚超出众人，任职于四代皇帝，始终坚贞如一。恰逢叛臣作乱，朝廷把劝谕贼寇的重任委托给他，他被拘禁威胁几年，至死都不屈服，看他高尚的节操，真可以说是虽死犹生。这损失责任在我，现在愧悔悲伤也来不及了，只有追封他的官职，同时加封后代官职。可以追赠他为司徒。再赐布帛五百端、米三百石。他的儿子颜頵、颜硕等人，服丧完毕后，主管部门奏报破格授予官职。

拓展

　　《唐大诏令集》由北宋宋敏求编，是唐代以皇帝名义颁布的诏令的汇集，全书共130卷，其中包含有丰富的史料。《赠颜真卿司徒诏》是唐德宗李适创作的一篇散文。

　　《四库全书总目》中提到诏令奏议类有记言文章也有记事文章。诏令奏议可以分为两类：一类为诏令类，即皇帝所发布的公文；一类为奏议类，即古代臣下上奏帝王的文书。在《新唐书·艺文志二》中，初次设立此门类。

清·王翚 王时敏《仿古山水》

文化记忆二·中国古代建筑

中国古代建筑具有悠久的历史传统和光辉的成就,它延续了两千余年,本身已成为一个艺术系统,许多建筑物就是我们文化的表现,艺术的遗产。中国古建筑以木石结构体系为主,主要分为以下几个时期。

上古时期原始人多栖身于天然的洞穴,用来遮风挡雨和躲避野兽追击。新石器时,南方多为巢居,如浙江余姚的河姆渡遗址;北方为半地穴居式房子,如西安半坡的遗址。

宋《清明上河图》中的木质桥

北京故宫

建筑特点

中国古代建筑艺术源远流长,是中国历史悠久的传统文化和民族特色的最精彩、最直观的传承载体和表现形式,富有以下特点:

有容乃大:体现在大门、大窗、大进深、大屋檐,给人以舒展的感觉,半封闭的空间,视野开阔,直通大自然。

山水相趣:不仅重自然的山水,也重人工的山水,人工与自然的协调,院内与院外的衔接,造成"天上人间"之境。

建筑分类

中国古代建筑主要有宫殿、庙塔、楼阁、民居和园林建筑等。其中宫殿、园林、楼阁建筑的成就最为突出。

宫殿

中国由于经历了漫长的封建社会,历代帝王大兴土木,营建了各种宫室殿堂。故宫是现存规模最大、最完整的宫殿建筑。

故宫规模宏大,极为壮观。故宫的宫殿建筑是中国现存最大、最完整的古建筑群,总面积 72 万多平方米。故宫分外朝和内廷两大部分,以乾清门为界。外朝以"三大殿"——太和殿、中和殿、保和殿为主。内廷以"后三宫"——乾清宫、交泰殿、坤宁宫为主。

园林

古典园林中现存的经典之作多为明清两代建造，集中在江南地区。前人有"江南园林甲天下，苏州园林甲江南"的评语，最为著名的拙政园、留园、狮子林和沧浪亭，都坐落在苏州。中国古典园林的园景上主要是模仿自然，并且善于利用具有浓厚的民族风格的各种建筑物，如亭、台、楼、阁、廊、榭、轩、舫、馆、桥等，配合自然的山水等组成体现各种情趣的园景。

楼阁

古往今来，历朝历代，人们都喜欢修建楼阁，其中滕王阁、黄鹤楼、岳阳楼、蓬莱阁四大名楼最为著名。

黄鹤楼位于湖北省武汉市武昌区，始建于三国，重建于 1985 年。因崔颢所作《黄鹤楼》一诗而名扬四海。

岳阳楼位于岳阳古城西门城墙之上，紧邻洞庭湖。岳阳楼始建于东汉，因北宋范仲淹作《岳阳楼记》著称于世。

滕王阁在江西省南昌市东湖区，始建于唐朝，现存建筑为 1985 年重建。因王勃所作《滕王阁序》而闻名。

蓬莱阁位于山东省烟台市蓬莱区，始建于北宋，仍保持北宋原貌。因"八仙过海"传说和"海市蜃楼"奇观而闻名。

   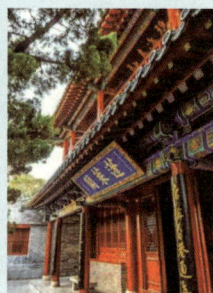

黄鹤楼　　　　　　岳阳楼　　　　　　滕王阁　　　　　蓬莱阁

古代建筑大师

灿烂的文化也造就了许多名垂青史的建筑大师。

鲁班（前 507—前 444），春秋时期鲁国人。木工工具据说多是鲁班发明的，比如锯子、墨斗、曲尺。鲁班被尊为中国建筑鼻祖。

李春，生卒年不详，隋朝时期的造桥大师，举世闻名的赵州桥便是由他主持建造的。他是中国乃至世界建筑史上著名的桥梁专家。

李诫（1035？—1110？），北宋著名建筑学家，主持修建了朱雀门、龙德宫等。他编写了对后世建筑学家影响深远的《营造法式》一书，此书是中国古代最完整的建筑技术书籍。

蒯祥（约 1398—1481），明代建筑匠师，设计建造宫廷正门承天门（也就是今天的天安门）、奉天殿、谨身殿和华盖殿。

子部

　　自六经以外立说者,皆子书也。其初亦相淆,自《七略》区而列之,名品乃定。其初亦相轧,自董仲舒别而白之,醇驳乃分。其中或佚不传,或传而后莫为继,或古无其目而今增,古各为类而今合,大都篇帙繁富。可以自为部分者,儒家以外有兵家,有法家,有农家,有医家,有天文算法,有术数,有艺术,有谱录,有杂家,有类书,有小说家,其别教则有释家,有道家,叙而次之,凡十四类。儒家尚矣……其余虽真伪相杂,醇疵互见,然凡能自名一家者,必有一节之足以自立,即其不合于圣人者,存之亦可为鉴戒。虽有丝麻,无弃菅蒯;狂夫之言,圣人择焉。在博收而慎取之尔。

　　　　　　　——清·纪昀等《四库全书总目·子部总叙》

译文

在六经之外别立学说的都是子部典籍。最初也相互混淆，自从《七略》区分并编列之后，名称品第才得以确定。最初也相互攻讦，自从董仲舒区别并分辨之后，醇厚与驳杂才得以区分。其中，有的散佚没能流传下来，有的虽然流传下来而后世没有继承，有的古代没有而现在增出了这一家，古代分别为一家而现在合而为一，大多篇幅繁杂丰富。可以区分而别为一家的，儒家之外有兵家，有法家，有农家，有医家，有天文算法，有术数，有艺术，有谱录，有杂家，有类书，有小说家；其中别为教派的有佛家，有道家，叙录编次之后，共十四类。儒家高出诸家……其他各家虽然真实与伪托相互混杂，醇厚的与有瑕疵的可以相互参照，然而凡是能自成一家的，自然有一些篇章足以言之成理，即便与圣人不尽相符，留存下来也可以作为借鉴。比如农户，虽然拥有了丝麻，也不放弃杂草；即便是狂人的话，圣人也有所择取。在于广博地收录、谨慎地运用。

——清·纪昀等《四库全书总目·子部总叙》

39　说苑·修文（节选）

［汉］刘 向

　　中国自古就有"礼仪之邦"之称,有"礼之始"之称的冠礼是一个非常重要的仪式。古人认为冠礼是对青年进行礼仪教育的重要环节,所以他们精心设计的仪节中都有特定的意义,以此来教育和勉励冠者。下面是关于周成王冠礼的记载。

　　成王将冠,周公使祝雍祝,王曰:"达而勿多①也。"祝雍曰:"使王近于民,远于佞,啬于时,惠于财,任贤使能。"于此始成之时,祝辞四加而后退。公冠,自以为主,卿为宾,飨之以三献之礼。公始加玄端与皮弁,皆必朝服玄冕,四加。诸侯、太子、庶子冠公为主,其礼与上同。冠于祖庙曰:"令月吉日,加子元服,去尔幼志,顺尔成德。"冠礼:十九见正而冠,古之通礼也。

注 释

　　① 达而勿多:通晓明白,不要太多,意思是简明扼要。

译 文

　　周成王将要举行成人礼,周公让祝雍作祝词。周成王说:"说得简明扼要即可。"祝雍说:"希望大王能够亲近百姓,远离奸佞,珍惜时间,惠施财物,任用贤德的人和有能力的人。"冠礼开始时,祝雍诵读祝词四遍便退下。周成王加冠后,亲自作为主人,以卿为宾,三次向祖先献酒。公穿着黑色衣服,戴着白鹿皮的冠,都必须穿朝服玄冕,公要四次加冠(为玄端、皮弁、朝服、玄冕)。诸侯、太子、庶子的冠礼,王公作为主人,礼仪与上面的冠礼一样。冠礼要在祖庙里举行,祝词是:"于此良辰吉日,为你戴上冠冕,去掉你的稚气,顺利地成就事业。"冠礼:男子在十九岁举行冠礼,这是古代普遍的礼节。

拓 展

　　《说苑》,作者是西汉刘向,成书于鸿嘉四年(前17)。分类记述春秋战国至汉代的逸闻轶事,每类之前列总说,事后加按语。其中主要记述诸子言行,不少篇章涉及治国安民、家国兴亡的哲理格言,体现了儒家的哲学思想、政治理想以及伦理观念。

清·方琮《山水十开》

40　白虎通义·礼乐

[汉]班　固

汉代朝廷举办过两次在历史上有重大影响的御前经学会议，一次是西汉宣帝主政时期的石渠阁会议，一次是东汉章帝主政时期的白虎观会议，会议内容分别整理为《石渠议奏》与《白虎通义》，二者均可认为帝王与士大夫达成的政治盟约与文化共识。由于《石渠议奏》已经遗失，我们能够看到的《白虎通义》就弥足珍贵。

礼乐者，何谓也？礼之为言履也，可履①践而行乐者；乐也，君子乐得其道，小人乐得其欲。王者所以盛②礼乐何？节文之喜怒。乐以象天，礼以法地③。人无不含天地之气，有五常之性者，故乐所以荡涤，反其邪恶也，礼所以防淫佚，节其侈靡也。故《孝经》曰："安上治民，莫善于礼；移风易俗，莫善于乐。"

注　释

① 履：执行，实行。

② 盛：崇尚。

③ 象、法：效仿。

译　文

礼乐指的是什么呢？礼是为言行立规矩的，可以遵照然后践行音乐。君子把从音乐中获得的道义作为欢乐，小人把从音乐中满足的欲望当作欢乐。王者为什么要崇尚礼和乐？（是因为）要用它来节饰喜怒。乐可以用来效仿天，礼可以用来效仿地。人，没有一个不含天地之气，都是有五常人伦的。因此，乐之所以可以用来洗涤，是因为它反抗人心的邪恶；礼之所以可以防止淫逸，是因为它能节制奢侈。所以《孝经》说：安抚贵族治理百姓，没有比礼更好的了；想要移风易俗，没有比乐更管用的了。

拓　展

《白虎通义》又称《白虎通》，东汉班固所撰。汉章帝建初四年（79），令太常、将、大夫、博士、议郎、郎官及诸生、诸儒会白虎观，讲议《五经》同异，参加者有贾逵、丁鸿、杨终、班固、李育、楼望、成封、桓郁等数十人，有今文经学家，亦有古文经学家。在白虎观，博士、儒生纷纷陈述见解，章帝亲自裁决其经义奏议，当时撰有《白虎议奏》，统名《白虎通德论》，后又命班固撰成此书。

清·王翚　王时敏《仿古山水》

41　人物志·英雄（节选）

［三国魏］刘　劭

何为英雄？据考证，在先秦时期，"英"与"雄"分别作为两个单音节词，还没有组成一个特定的词语。《说文解字》解释"英"为"草荣而不实者，一曰黄英"，"雄"为"鸟父也"。"英雄"一词最早见于汉代，而"英雄"概念的生成颇为漫长。

夫草之精秀者为英，兽之特群者为雄。故人之文武茂异，取名于此。是故聪明秀出谓之英；胆力过人谓之雄。此其大体之别名①也。……必聪能谋始，明能见机，胆能决之，然后可以为英，张良②是也。气力过人，勇能行之，智足断事，乃可以为雄，韩信③是也。

注　释

① 别名：区别。

② 张良：秦末汉初杰出谋臣，西汉开国功臣，政治家，与韩信、萧何并称为"汉初三杰"。曾助刘邦建立汉朝，助刘盈保住太子之位。

③ 韩信：西汉开国功臣、军事家，古代军事思想"兵权谋家"的代表人物，后人奉为"兵仙""神帅"。

译　文

草木的精华称为英，禽兽中超群者称为雄。所以，那些文才武功都出类拔萃的人因此得名。所以，聪慧明智突出的人叫作英，胆力超群的人叫作雄，这是英和雄大概的区别。……一定要聪慧能够谋划创业，明智足以能够把握机会，胆略足以决断，这样才能算是英才，张良就是这类人。力气足以超过他人，勇敢足以敢作敢为，智慧足以谋断事理，这样的人才算是雄才，韩信就是这类人。

拓　展

《人物志》是三国时期魏国刘劭编写的一部系统品鉴人物才性的玄学著作，也是一部研究魏晋学术思想的重要参考书，书中讲述了识鉴人才之术、量能用人之方及对人性的剖析。《人物志》自《隋书·经籍志》以后皆列于名家，《四库全书》则归入子部、杂家类一。

42　董永

[晋]干　宝

古代的神话传说浩如烟海，很多故事经久流传。《搜神记》中"董永与七仙女"的传说家喻户晓。这个故事后来改编成为黄梅戏的保留剧目之一，即《天仙配》，你应该听过"树上的鸟儿成双对……"

汉董永，千乘①人。少偏孤，与父居。肆力田亩，鹿车载自随。父亡，无以葬，乃自卖为奴，以供丧事。主人知其贤，与钱一万，遣之。永行三年丧毕，欲还主人，供其奴职。道逢一妇人曰："愿为子妻。"遂与之俱。主人谓永曰："以钱与君矣。"永曰："蒙君之惠，父丧收藏。永虽小人，必欲服勤致力，以报厚德。"主曰："妇人何能？"永曰："能织。"主曰："必尔者，但令君妇为我织缣②百匹③。"于是永妻为主人家织，十日而毕④。女出门，谓永曰："我，天之织女也。缘君至孝，天帝令我助君偿债耳。"语毕，凌空而去，不知所在。

——《搜神记》

注 释

① 千乘：山东省博兴县、高青县一带。

② 织缣：织绢。

③ 匹：布匹数量。

④ 毕：完。

译 文

汉朝的董永，是千乘县人。幼时丧母，和父亲一起居住。他每天尽力种田时，用小车拉着父亲伴随着自己。父亲死后，没有钱下葬，他只能卖身为奴，换些钱来办理父亲的丧事。买主深感他贤能孝顺，给了他一万钱，就让他回家了。董永回到家中，守完了三年孝，想要干劳役来回报买主恩德。在路上碰到一个女子，对他说："我愿意成为你的妻子。"就和董永一起到买主家去了。主人对董永说："我已经把钱奉送给你啦，不用回报。"董永说："承蒙您的恩德，我父亲才得到安葬。我虽然是个卑微的人，也要尽心竭力来报答您的大恩大德。"主人说："你的妻子会干什么呢？"董永说："她会织布。"
主人说："你一定要报答我的话，只要让你妻子给我织一百匹双丝细绢就行。"于是董永
的妻子为主人家纺织，十天就织完了。这女子出门后对董永说："我本是天上的织女，
只因为你非常孝顺，天帝才命令我来帮你偿还欠债的。"话说完，就腾空而去，不知飞去
了什么地方。

拓展

　　《搜神记》是一部记录古代民间传说中神奇怪异故事的小说集，编者是东晋的史学
家、文学家干宝。《搜神记》搜集了古代的神异故事共 410 多篇，成为我国古代志怪小
说的代表作，其中的大部分故事反映了古代人民的思想感情。

清·石涛《赠刘石头册》

43　子猷访戴

［南朝宋］刘义庆

　　鲁迅先生曾高度评价《世说新语》，称其"记言则玄远冷峻，记行则高简瑰奇"，下面的故事充分体现了《世说新语》记行（即记述人的行为）的特点。仔细阅读，你也许会发现魏晋风度令后人追慕的原因。

　　王子猷居山阴，夜大雪，眠觉，开室命酌酒，四望皎然。因①起仿徨。咏左思《招隐诗》，忽忆戴安道。时戴在剡，即便夜乘小船就之。经宿方至，造门不前而返。人问其故②，王曰："吾本乘兴而行，兴尽而返，何必见戴！"

——《世说新语·任诞》

注　释

① 因：于是。
② 故：原因。

译　文

　　王子猷居住在山阴，夜里下了太雪，他从睡眠中醒来，打开窗户，命仆人斟上酒。四处望去，一片洁白银亮，于是起身，慢步徘徊，吟诵着左思的《招隐诗》，忽然间想到了戴逵。当时戴逵远在曹娥江上游的剡县，即刻连夜乘小船前往。经过一夜才到，到了戴逵家门前却又转身返回。有人问他为何这样，王子猷说："我本来是乘着兴致前往，兴致已尽，自然返回，为何一定要见戴逵呢？"

拓　展

　　钟毓兄弟小时，值父昼寝，因其偷服药酒。其父时觉，且托寐以观之。毓拜而后饮，会饮而不拜。既而问毓何以拜，毓曰："酒以成礼，不敢不拜。"又问会何以不拜，会曰："偷本非礼，所以不拜。"

——南朝宋·刘义庆《世说新语·言语》

清·恽寿平《仿古山水册》

44 《齐民要术》一则

[北魏] 贾思勰

　　农家为诸子百家之一，是先秦时期在经济生活中注重农业生产的学派，奉神农为祖师，主张勉励耕桑。《汉书·艺文志》将其列为"九流"之一。

　　欲善①其事，先利其器；悦②以使人，人忘其劳。且须调习器械，务令快利③；秣饲牛畜，事须肥健；抚恤其人，常遣欢悦。

——《杂说》

注 释

① 善：做好。

② 悦：使人愉悦。

③ 快利：锋利。

译 文

　　要想把事情做好，先要使工具精良。如果让人开心，那人们就会忘记自身的疲劳。而且在调治熟习工具的时候，务必令它十分锋利；喂养牲畜时，理应让它肥硕健壮；安抚别人时，使他保持心情愉悦。

拓 展

　　《齐民要术》约成书于北魏末年，是一部综合性的农学著作，由北魏贾思勰所著，是中国现存最早的一部完整的农书。全书10卷92篇，系统记述了6世纪以前黄河中下游地区劳动人民的农牧业生产经验、食品加工与贮藏、野生植物利用，以及治荒方法，详细介绍了季节、气候和不同土壤与不同农作物的关系，被誉为"中国古代农业百科全书"。

　　《汉书·艺文志》将农家列为"九流"之一。代表人物有许行，没有著作留传，生平事迹见于《孟子》一书。

清·王时敏《仿小米山水》

45　文章原出《五经》

［北魏］颜之推

　　古人很早之前就对"文章"的源流进行了论述,如刘勰的《文心雕龙》,萧绎的《金楼子》,颜之推的《颜氏家训》,其观点大致是统一的,即文章源于《五经》。

　　夫文章者,原出《五经》:诏命策①檄,生于《书》者也;序述论议②,生于《易》者也;歌咏赋颂③,生于《诗》者也;祭祀哀诔④,生于《礼》者也;书奏箴铭⑤,生于《春秋》者也。

——《颜氏家训·文章》

注 释

　　① 诏命策:三种文体。皇帝颁发的命令文诰。
　　② 序述论议:四种文体。前两种主要是记叙,后两种主要是议论。
　　③ 赋颂:两种文体。赋讲究对偶和用典,韵文和散文交错使用;颂主要用于歌颂,内容上多是赞美、歌颂,写法上多用铺叙。
　　④ 哀诔(lěi):古代文体。哀悼死者,记述死者生平的文章。
　　⑤ 箴铭:古代文体。用于告诫和规劝的文章。

译 文

　　文章都来自《五经》:诏、命、策、檄,是从《书》中产生的;序、述、论、议,是从《易》中产生的;歌、咏、赋、颂,是从《诗》中产生的;祭、祀、哀、诔,是从《礼》中产生的;书、奏、箴、铭,是从《春秋》中产生的。

拓 展

　　颜之推(531—约597),字介,生于江陵(今属湖北省)。博学多识,一生著述甚丰,所著书大多已亡佚,今存《颜氏家训》和《还冤志》两书,其《急就章注》《证俗音字》和《集灵记》有辑本。

清·石涛《山水册》

46 初学记·蝶

［唐］徐 坚

蝴蝶在中国古代文学中受到了文人墨客的青睐，被赋予特殊内涵，常常作为意象被众多作品所引用，开启了我们对情感、生活与生命的另一番思索和体验。

叙事

崔豹《古今注》曰：蛱蝶，一名野蛾，一名风蝶。江东谓之挞末①，色白背青者是也。其有大如蝙蝠者，或黑色，或青斑，名曰凤子。一名凤车，一名鬼车。生江南橘树间。

《搜神记》曰：朽苇为蛩，麦为蝴蝶②。

《列子》曰：陵舄得郁楼则为乌足，（此含而相生也。）其叶为蝴蝶③。

事对④

【入梦 戏园】《庄子》曰：昔者庄周梦为蝴蝶，栩栩然蝴蝶，自逾适志与，不知周也。俄然觉，则蘧蘧然周也。不知周之梦为蝴蝶，与蝴蝶之梦为周欤⑤。《古乐府》歌词：蛱蝶行，蝶游蝶遨戏东园；奈何卒逢三月养子燕，接我苜蓿⑥间。

诗

【梁·简文帝《咏蝶诗》】空园暮烟起，逍遥独未归；翠鬣⑦藏高柳，红莲拂水衣。复此从风蝶，双双花上飞；寄语相知者，同心终莫违。

【梁·刘孝绰《咏素蝶诗》】随蜂绕绿蕙⑧，避雀隐青薇⑨；映日⑩忽争起，因风乍共归。出没花中见，参差⑪叶际飞；芳华幸勿谢，嘉树欲相依。

【梁·徐防《赋得蝶依草应令诗》】秋园花落尽，芳菊数来归；那知不梦作，眠觉也恒飞。

🌸 **注释**

① 挞（tà）末（mò）：蝴蝶的别名。

② 朽苇为蛩（qióng），麦为蝴蝶：芦苇腐烂之后就会化为蟋蟀，麦草腐烂之后就会化为蝴蝶。

③ 陵舄(xì)得郁楼则为乌足,其叶为蝴蝶:陵舄,即车前草;郁楼,指粪壤;乌足,草名,长于水边。意思是车前草在水边的粪壤中就会生出一种乌足草,而乌足草的叶子就是蝴蝶。

④ 事对:指的是下面的"入梦"与"戏园"可以构成关于蝴蝶的对仗,其后列举的是相关的典故。

⑤ 庄子梦蝶的典故见第二分册。

⑥ 苜(mù)蓿(xu):苜蓿属植物的通称,俗称金花菜,是一种多年生开花植物。

⑦ 翠鬣(liè):鸟头上的绿毛,这里指鸟类。

⑧ 蕙(huì):香草名。

⑨ 青薇:指嫩青的细叶。

⑩ 映日:日光映照。

⑪ 参(cēn)差(cī):原意是长短、高低不齐的样子。这里指蝴蝶在叶间上下穿梭飞舞的样子。

拓　展

《初学记》是唐代徐坚等编撰的综合性类书,共 30 卷。此书的编纂,原是为唐玄宗诸子作文时检查事类提供方便,故名《初学记》。全书共分 23 部 313 个子目,每个子目内部又分"叙事""事对""诗文"三部分,内容丰富,包罗万象。而且此书与其他类书有所不同,其他类书只把材料按类摘抄,条与条之间,几乎没有联系,仅仅是资料的汇编。而此书则经过精心编撰,把类事连贯起来,几乎能够成为一篇文章,其体例更近似现代的百科全书,可读性很强,是历来评价较高的一部类书。

元·沈孟坚《牡丹蝴蝶图》

47　林泉高致·山水训（节选）

〔宋〕郭　熙

> 仁者乐山，智者乐水。山石林泉胜景为君子所向往，徜徉于山水也成为文人修身养性的重要方式。而山水画寓万里于咫尺，化穷游为一瞥，这正是山水画蔚为中国画大宗的原因。

君子之所以爱夫山水者，其旨安在？丘园养素，所常处也；泉石啸傲，所常乐也；渔樵隐逸，所常适也；猿鹤飞鸣，所常亲也。尘嚣缰锁，此人情所常厌也。烟霞仙圣，此人情所常愿而不得见也。直①以太平盛日，君亲之心两隆，苟洁一身，出处节义斯系，岂仁人高蹈远引，为离世绝俗之行，而必与箕颍埒素、黄绮同芳②哉！《白驹》之诗，《紫芝》之咏，皆不得已而长往者也。然则林泉之志，烟霞之侣，梦寐在焉，耳目断绝，今得妙手③郁然出之，不下堂筵，坐穷泉壑，猿声鸟啼，依约在耳，山光水色，滉漾④夺目，此岂不快人意，实获我心哉，此世之所以贵夫画山之本意也。

注　释

① 直：只。

② 箕颍埒（liè）素、黄绮同芳：指许由、巢父、夏黄公、绮里季几位著名隐士。

③ 妙手：指高明的画师。

④ 滉漾：形容广阔无涯。

译　文

君子之所以喜爱山水的原因是什么呢？山丘田园，是他们所常居住的地方；林泉山石，舒啸寄傲，让他们感到快乐；捕鱼砍柴的隐居生活，让他们觉得舒适；猿啼鹤飞，让他们觉得亲近。尘世喧嚣的束缚，人总会厌倦。烟霞胜景、仙圣之迹，人想见却见不到。只是因为太平盛世，人们忠君、孝亲的心意都很浓厚，如果只是要洁身自好，出仕、退隐都关乎节操义行，难道仁德之人想要远离尘世，就非得做与许由、巢父、夏黄公、绮里季等齐名的隐士吗？《白驹》《紫芝》之类的诗歌，都是在不得已的情况下创作而成。

然而，归隐林泉的志向，与烟霞为伴的想法，只能存在于梦中，却不能见之于耳目，如果能得高明画师生动地展示出来，让我们不出厅堂，坐着便可纵览泉壑盛景，猿声鸟鸣如在耳畔，山光水色耀眼夺目，这岂不令人畅快，实在是深得我心，这就是世人重视山水画创作的本意。

拓展

《林泉高致》作者是郭熙，由其子郭思整理而成。全书共分六节，除序言外，还有山水训、画意、画诀、画格拾遗、画题、画记等内容。《山水训》一节集中叙述郭熙山水画创作的经验和主张，讲述了山水画家如何观察自然、择取素材、继承传统等内容。

宋·郭熙《早春图》

48 《林泉高致·山水训》二则

[宋]郭 熙

　　《山水训》是《林泉高致》中的一节，集中阐述了郭熙山水画的创作经验，读一读下面的论述，你会对山水画创作有所体悟。

　　真山水之烟岚①四时不同，春山澹冶②而如笑，夏山苍翠而如滴，秋山明净如妆，冬山惨淡而如睡。

　　远山无皴③，远水无波，远人无目。非无也，如无耳。

注 释

　　① 烟岚(lán)：山间的雾气。
　　② 澹(dàn)冶(yě)：淡雅明丽。
　　③ 皴(cūn)：中国画中突出物体纹理或阴阳面的一种技法。

译 文

　　自然山水的山间雾气，四季各不相同：春天的山淡雅明丽如同含笑，夏天的山色泽苍翠似要滴下来，秋天的山明亮秀净犹如上了新妆，冬天的山昏沉惨淡仿佛在酣眠。

　　远处的山不施皴擦，远处的水不描波纹，远处的人不画眼睛。不是真的没有，而是看起来没有。

拓 展

　　真山水之云气，四时不同：春融冶，夏蓊郁，秋疏薄，冬黯淡。

　　　　　　　　　　　　　　　——宋·郭熙《林泉高致·山水训》

　　山水有可行者，有可望者，有可游者，有可居者。画凡至此，皆入妙品。但可行可望不如可居可游之为得。

　　　　　　　　　　　　　　　——宋·郭熙《林泉高致·山水训》

清·王翚《仿古山水册》

49　牡丹谱·风俗记

[宋] 欧阳修

"庭前芍药妖无格，池上芙蕖净少情。唯有牡丹真国色，花开时节动京城。"牡丹的美，富丽端庄、雍容华贵，素有"花中之王"的美誉。

唐代是牡丹花种植栽培的繁盛时期。当时，牡丹花已经成了国运昌盛的标志，刘禹锡言"自李唐来，世人甚爱牡丹"。都城洛阳富贵繁华，城内园圃林立，家家种植牡丹，赏花之风盛极一时。

洛阳之俗①，大抵好花，春时城中无贵贱，皆插花，虽负担者②亦然。花开时士庶竞为游遨，往往于古寺废宅有池台处为市井，张幄帘，笙歌之声相闻。最盛于月陂堤、张家园、棠棣坊、长寿寺东街与郭令宅，至花落乃罢。洛阳至东京六驿，旧不进花，自今徐州李相迪为留守时始进御。岁遣牙校一员，乘驿马，一日一夕至京师。所进不过姚黄、魏花③三数朵。以菜叶实竹笼子藉覆之，使马上不动摇。以蜡封花蒂，乃数日不落。

注 释

① 俗：风俗。
② 负担者：挑担子卖苦力的人。
③ 姚黄、魏花：牡丹的品种。

译 文

洛阳的风俗，人们大多喜欢花。每到春天，城里不分贵贱都要插花，即便是挑担子的人也不例外。花开的时候，士大夫和百姓们竞相游春赏花。经常在有亭台池塘的古庙或废弃的宅院，形成临时街市，搭上帐幕，笙歌之声远近相闻。最热闹的地方要数月坡堤、张家园、棠棣坊、长寿寺东街与郭令宅等几处，直到花落，街市才会撤掉。洛阳到东京有六个驿站，以前并不向京城进献牡丹花。自徐州李相迪任留守时，才开始向东京进献牡丹。每年派一名衙校，乘驿马，用一天一夜的时间赶到东京。所进献的不过是几朵姚黄、魏花。用菜叶把竹笼子里面垫好、盖好，使花在驿马上不动摇，用蜡封好花蒂，就可以让花几日不落。

拓展

　　《洛阳牡丹记》为宋欧阳修所撰,共三篇。第一篇《花品叙》,列出 24 种牡丹。指出牡丹在中国生长的地域,并强调"出洛阳者今为天下第一"。第二篇《花释名》解说花名由来,列举了各品种的来历和主要的形态特征,并记录了牡丹由药用本草扩展为花卉观赏的历程。第三篇《风俗记》,记录洛阳人赏花、种花、浇花、养花、医花的方法。

　　谱录,中国古代图书分类中的一个类目,创始于宋尤袤的《遂初堂书目》。专收图谱之书,颇为庞杂,被后来的目录学家所沿用。《四库全书总目》将谱录列于子部杂家之前,下分器物、食谱、草木鸟兽虫鱼三门。

清·钱维城《山水花鸟册》

50　文宜避俗

［宋］欧阳修

　　杨亿是北宋"西昆体"诗歌的代表作家,昆体诗整饰、典丽,相对平直浅俗的五代诗,意味着艺术上的进步。杨亿主张文章词句也要力避俗套,并以此告诫自己的门生。下面是欧阳修《归田录》中记载的一个有趣的故事。

　　杨文公①尝②戒③其门人,为文宜避俗语。既而公因作表云:"伏惟陛下④德迈九皇⑤。"门人郑戬遽请于公曰:"未审何时得卖生菜?"于是公为之大笑而易之。

——《归田录》

注　释

　　① 杨文公:指杨亿(964—1020),人称杨文公,北宋文学家。
　　② 尝:曾经。
　　③ 戒:告诫。
　　④ 伏惟陛下:一般是表文中的套语。
　　⑤ 德迈九皇:意思是道德超过了远古帝王,但与"得卖韭黄"谐音。

译　文

　　杨文公先生曾经告诫学生,写文章应该避免用俗套话。不久,他拟了篇奏章,里面有句:"伏惟陛下德迈九皇。"他的学生郑戬便立刻请教他说:"不知道什么时候得卖生菜?"杨文公一听哈哈大笑,把这句改掉了。

拓　展

　　《归田录》是宋代欧阳修所撰的历史琐闻类笔记。此书为作者晚年辞官闲居颍州时作,故书名为"归田"。书中多记朝廷旧事和士大夫琐事,大多系亲身经历、见闻,史料翔实可靠。

清·王翚　王时敏《仿古山水萧寺晚晴》

51　纬略·讳

［宋］高似孙

中国人认为称呼长辈名字是非常不礼貌的行为，所以取名有所避讳。古代社会，最常见的就是名讳，其实避讳不仅讲究避君王，还讲究"避亲"和"避贤"。而且不仅仅是取名，言谈和书写都需要注意。

太史公①父名谈，故《史记》无"谈"字，《季布传》改"赵谈"作"赵同"。范晔②父名泰，故《后汉书》无"泰"字，郭泰、郑泰皆改作"太"。季翔父名楚金，故其所为文皆以"金"为"镒"。韩愈为李贺作《讳辩》，特言"言在不称征"之说③，故愈父名仲卿，未尝讳焉。曹志，植之子也，奏议曰："干植不强"，不讳"植"字也。

注释

① 太史公：太史是西汉武帝时期设立的官职名称，位在丞相上，是我国古代官方史料的专职记录者。此处指《史记》作者司马迁。

② 范晔（398—445）：字蔚宗，南朝宋时期著名史学家。

③ "言在不称征"之说：孔子的母亲名"征在"，这是说如果说"征"就不说"在"，说到"在"就不说"征"，这是名讳的一种方式。

译文

司马迁的父亲名"谈"，所以《史记》中没有"谈"字，《季布传》中把"赵谈"改称为"赵同"。范晔父亲名字叫作"泰"，所以《后汉书》中没有"泰"字，郭泰、郑泰都改作"太"。季翔父亲叫作楚金，所以他的文章都把"金"写作"镒"。韩愈劝李贺举进士，给李贺作《讳辩》，特别提出"言在不称征"的说法。所以，虽然韩愈的父亲名仲卿，也没有避讳。曹志，曹植的儿子，奏议说"干植不强"，也没有避讳"植"字。

拓展

《纬略》，共12卷，宋朝高似孙撰写。高似孙（1158—1231），字续古，号疏寮，绍兴余姚（今属浙江省）人，淳熙进士，历校书郎、会稽主簿、知处州，辑有《经略》《史略》《子略》《集略》《骚略》等书。

52 《困学纪闻·考史》一则

[宋] 王应麟

司马光在《资治通鉴》里专门写道："才者,德之资也;德者,才之帅也。"才华固然很重要,德行更加重要,要做到德才兼备,以德为先。

颜真卿①、郑畋②以兴复③为己任,倡义④讨贼⑤,其志壮矣。真卿权移于贺兰进明,畋见袭于李昌言,功不克就。故才与诚合,斯可以任天下之重。

注释

① 颜真卿(709—784):琅琊(今山东省临沂市)人,唐朝名臣、书法家。唐代宗时,官至吏部尚书、太子太师,封鲁郡公,人称"颜鲁公"。唐德宗兴元元年(784),被派遣晓谕叛将李希烈,凛然拒贼,被害。

② 郑畋(tián)(825—887):字台文,荥阳人,唐朝宰相、诗人。

③ 兴复:恢复,此处指平复战乱,恢复国家安定。

④ 倡义:首倡大义,宣扬大义。

⑤ 讨贼:指讨伐贼寇。

译文

颜真卿、郑畋把"兴复"当作自己的责任,宣扬国家大义,讨伐当时的叛军,这种行为是多么让人赞叹啊!颜真卿将职权移交给贺兰进明,郑畋把兵权给了李昌言,虽然没有成功平定叛乱,但是才能与德行两者齐备,仍可以承担国家重任。

拓展

《困学纪闻》是南宋著名学者王应麟的力作。《困学纪闻》一书博涉经史子集,展示了其精湛的考据学功力,确立了该书在我国古文献学史上的卓越地位,与《容斋随笔》《梦溪笔谈》并称宋代考据笔记三大家。

清·张若澄《燕山八景图 居庸叠翠》

53　画韩文公

[宋] 沈　括

韩愈和韩熙载两个风马牛不相及的人物，竟因为画像被世人混淆，这是李逵遇到李鬼，还是三人成虎，以讹传讹呢？

世人画韩退之①，小面而美髯②，著纱帽。此乃江南韩熙载③耳，尚有当时所画，题志甚明。熙载谥文靖，江南人谓之韩文公，因此遂谬以为退之。退之肥而寡髯。元丰中，以退之从享文宣王庙，郡县所画，皆是熙载。后世不复可辨，退之遂为熙载矣。

——《梦溪笔谈·辨证》

注 释

① 韩退之：即韩愈（768—824），字退之，唐代大文学家。官至吏部侍郎，卒谥文，世称韩文公，又称韩吏部。

② 美髯：漂亮的胡子。

③ 韩熙载（902—970）：字叔言，北海（今山东潍坊）人。仕南唐，官至中书侍郎，卒谥文靖。

译 文

世人画韩愈的画像，脸面小而胡须美，戴纱帽，这其实画的是南唐韩熙载。现在还有当时所画的韩熙载的像存着，题词非常明确。韩熙载谥文靖，江南人称之为韩文公，因此世人误以为退之。韩愈身体肥胖而少胡须。宋神宗元丰年间（1078—1085），以韩愈配享文宣王孔子庙，各州县孔庙所画的都是韩熙载。后世不再能辨别，退之竟变为韩熙载了。

拓 展

《梦溪笔谈》，北宋科学家、政治家沈括（1031—1095）撰，是一部涉及古代中国自然科学、工艺技术及社会历史现象的综合性笔记体著作。《梦溪笔谈》是百科全书式的著作，尤以科学技术价值闻名于世。该书在国际亦受重视，英国科学史家李约瑟评价为"中国科学史上的里程碑"。

54 佳对

［宋］沈 括

　　古人从不同的诗词、赋文、碑帖、经典中分别选取两个有关联的句子。按照对联中的声律、对仗、平仄等要求组成联句，有时竟能青出于蓝，较之原作更胜一筹。

　　古人诗有"风定花犹落"之句，以谓无人能对，王荆公①以对"鸟鸣山更幽"。"鸟鸣山更幽"本宋王籍诗，元②对"蝉噪林逾静，鸟鸣山更幽"，上下句只是一意；"风定花犹落，鸟鸣山更幽"则上句乃静中有动，下句动中有静。荆公始为集句诗，多者至百韵，皆集合前人之句，语意对偶，往往亲切③过于本诗。后人稍稍有效而为者。

——《梦溪笔谈·艺文》

注 释

　　① 王荆公：王安石（1021—1086），字介甫，号半山，北宋政治家、文学家、思想家、改革家。

　　② 元：通"原"。

　　③ 亲切：融洽与贴切。

译 文

　　古人诗有"风定花犹落"之句，以为无人能对出下联。王荆公（安石）以"鸟鸣山更幽"为对。"鸟鸣山更幽"本为刘宋王籍的诗句，原诗是以"蝉噪林逾静，鸟鸣山更幽"为对的，上下句只是一个意思；荆公以"风定花犹落，鸟鸣山更幽"为对，则上句是静中有动，下句是动中有静。荆公开始作集句诗，多的时候达上百首，都集合前人的诗句而成，语意和对偶，往往比原诗更为融洽与贴切。后人渐渐有仿效这种集句诗的。

拓 展

　　对联的创作手法可分为两种：一种为自撰联，另一种为集句联。"集"在这里作"聚集""集合"解。集句联的范围很广，可以集诗、集词、集骈文、集碑、集帖、集宗教经典，甚至连成语、白话、俗语等也可集。

清·王鉴《仿古山水》

55　记承天寺夜游

［宋］苏　轼

明月皎皎，情愫万千。"露从今夜白，月是故乡明"，是思念的月；"明月松间照，清泉石上流"，是恬淡的月；"举杯邀明月，对影成三人"，是孤独的月；"晓镜但愁云鬓改，夜吟应觉月光寒"，是悲伤的月；"江畔何人初见月？江月何年初照人？"，是辽远的月。

苏子的那轮明月，让我们感受到他丰盈独特的内心世界。

元丰六年十月十二日夜，解衣欲①睡，月色入户，欣然起行。念②无与乐者，遂至承天寺寻张怀民。怀民亦未寝③，相与步于中庭。庭下如积水空明，水中藻荇交横，盖竹柏影也。何夜无月，何处无竹柏，但少闲人如吾两人耳。

——《东坡志林·记游》

注　释

① 欲：想要，准备。
② 念：想到。
③ 寝：睡，卧。

译　文

宋神宗元丰六年十月十二日夜晚，我正准备脱衣入睡，这时月光从门户照进来，于是高兴地起身出门。考虑到没有和我一起游乐的人，就到承天寺寻找张怀民。张怀民还没有入睡，就一同在庭院里散步。月光照在庭院里像积满的清水一样澄澈透明。水中水藻、水草纵横交错，原来是院中竹子和柏树的影子。哪一个夜晚没有月亮？又有哪个地方没有竹子和柏树呢？只是缺少像我们两个这样清闲的人罢了。

拓　展

《东坡志林》是苏轼自宋神宗元丰年至宋哲宗元符年（1078—1100）创作的杂说史论，内容广泛。其文则长短不拘，或千言或数语，以短小居多。不但记载了许多朝野大事，也记述了许多荒诞不经的传说，在很大程度上开启了明代小品文的风格。

56 《幽梦影》二则

[清] 张 潮

有言道:"听君一席话,胜读十年书。"有时候一个人就是一本书,和不同的朋友对话,就如同阅读内容各异的书。

经传宜独坐读,史鉴宜与友共读。

对渊博①友,如读异书;对风雅友,如读名人诗文;对谨饬②友,如读圣贤经传;对滑稽友,如阅传奇小说。

注 释

① 渊博:知识渊博。
② 谨(jǐn)饬:谨慎小心。谨,慎重,小心。饬,整顿,使有条理。

译 文

经传等书籍,适合一个人独自静静地品读,而那些历史著作则适合同朋友们一同研读。

面对知识渊博的朋友如同读一部有独到见解的书,面对仪态风雅的朋友如同读名人诗文,面对为人严谨道德高尚的朋友如同读圣贤的经传,面对活泼滑稽的朋友如同阅览传奇小说。

拓 展

张潮(1650—约1709),字山来,号心斋居士,清代文学家、刻书家。官至翰林院孔目。著有《幽梦影》《虞初新志》等。

《幽梦影》可以说是一部求美的著作,作者以优雅的心胸去发现美的事物。书中的一些不平、讥刺,其表现形式也都是温和的。石庞为《幽梦影》作序,说张潮此书"以风流为道学,寓教化于诙谐"。

清·王鉴《湘碧居士仿古册》

57 《荀子》一则

　　《荀子》一书组织严密，分析透辟，擅长说理，善于取譬，常用排比句增强气势，语言警炼，有很强的说服力和感染力。下面是荀子提出的关于治学的步骤与意义，如果你能理解并致用的话，将受益一生。

　　学恶①乎始？恶乎终？曰：其数②则始乎诵经③，终乎读礼；其义④则始乎为士⑤，终乎为圣人。真积力久则入，学至乎没⑥而后止也。故学数有终，若其义则不可须臾舍也。为之，人也；舍之，禽兽也。故《书》者，政事之纪也；《诗》者，中声之所止也；《礼》者，法之大分，类之纲纪也。故学至乎《礼》而止矣。夫是之谓道德之极。《礼》之敬文也，《乐》之中和也，《诗》《书》之博也，《春秋》之微也，在天地之间者毕矣。

——《劝学》

注释

① 恶：何处，哪里。

② 数：学习的顺序。

③ 经：指儒家经典，即《诗》《书》《礼》《乐》《易》《春秋》。

④ 义：意义。与上文的"数"相对为义。

⑤ 士：志道之士。荀书中每以士、君子、圣人为三等。

⑥ 没：通"殁"，死。

译文

　　学习从哪里开始？它在哪里结束？答：学习的顺序应该从读经开始，以学习礼仪为目的。学习的意义从做士开始，目的是成为一个圣人。果真能持久努力不懈就能深入进去，一直到身死才可以停止学习。因此，在学习方法上，读经典是可以停止的，但在学习意义上，对圣人的追求是一刻也不能停止的。努力学习，就是人；放弃学习，就是禽兽了。《书》是记载古代政治事迹的，《诗》是中和之声的极致，《礼》是法律的典范，是万事万物的纲领。因此，学习"礼"就达到了终极目的，这可以称之为道德的极端境界！《礼》敬重文明，《乐》中和，《诗》《书》广博，《春秋》精微，将天地间所有的道理全包括了。

拓 展

　　荀子(前313—前238)，名况，字卿(一说时人相尊而号为卿)，战国末期赵国人，两汉时因避汉宣帝刘询名讳改称"孙卿"。荀子是战国末期著名的思想家、教育家，儒家学派的代表人物之一。荀子批判地接受和创造性地发展了儒家思想，主张"礼法并施"；提出"制天命而用之"的人定胜天的思想；反对鬼神迷信；提出"性恶论"，重视习俗和教育对人的影响，强调学以致用。其思想集中反映在《荀子》一书中。

清·樊圻《山水册页》

58 和氏璧

世事多曲折，人生多磨难。当你因坚持真理而被人质疑，当你因坚持真理而受到伤害，当你因坚持真理而面对种种挫折时，你会如何做？且看卞和如何抉择。

楚人和氏①得玉璞楚山中，奉而献之厉王。厉王使玉人相②之。玉人曰："石也。"王以和为诳，而刖③其左足。及厉王薨，武王即位。和又奉其璞而献之武王。武王使玉人相之。又曰："石也。"王又以和为诳，而刖其右足。武王薨，文王即位。和乃抱其璞而哭于楚山之下，三日三夜，泪尽而继之以血。王闻之，使人问其故，曰："天下之刖者多矣，子奚④哭之悲也？"和曰："吾非悲刖也，悲夫宝玉而题之以石，贞士⑤而名之以诳，此吾所以悲也。"王乃使玉人理其璞而得宝焉，遂命曰"和氏之璧"。

——《韩非子·和氏》

注释

① 和氏：指卞和，春秋时期楚国人。
② 相：观察，此处指鉴定。
③ 刖（yuè）：古代一种砍掉脚的酷刑。
④ 奚：为什么。
⑤ 贞士：志节坚定、操守方正的人。

译文

楚国人卞和在楚山中得到了一块玉璞，捧着把它献给楚厉王。楚厉王让玉匠鉴定这块玉璞，玉匠说："这是块石头。"楚厉王认为卞和在欺骗自己，就砍掉了他的左脚。等到楚厉王死了，楚武王继承王位。卞和又捧着他的玉璞献给楚武王。楚武王让玉匠来鉴定这块玉璞。玉匠又说："这是块石头。"楚武王也认为卞和在欺骗自己，就砍掉了他的右脚。楚武王死了，楚文王继位。卞和便抱着他的玉璞在楚山下哭泣，哭了三天三夜，泪哭完了血又流出来。楚文王听说了这件事，派人去问卞和缘故，对他说："天下被砍掉脚的人有很多，你为什么哭得这么伤心？"卞和说："我不是为我被砍掉脚而伤心，而是伤心我那块宝玉被称为石头，我是一位志节坚定、操守方正的人，却被称为骗子，这才是我感到伤心的地方。"楚文王便派玉匠加工他的玉璞，果然从里面获得了宝玉，于是就将此宝玉称为"和氏之璧"。

拓展

　　《韩非子》是战国时期思想家、法家代表人物韩非的著作总集，为法家学派的代表著作。它是在韩非子逝世后，由后人辑集而成。书中很多当时的民间传说和寓言故事成为成语典故的出处，被人们广泛运用。

清·王时敏《山水十开》

59　商君书·更法（节选）

战国初期，秦国社会经济发展落后于齐、楚、燕、赵、魏、韩六个大国，为增强秦国实力，秦孝公任用商鞅，打算在秦国国内进行变法。但要变法肯定会面临重重阻力，秦孝公召集秦国贵族和商鞅进行讨论，于是就有了下面一幕。

公孙鞅曰："臣闻之：'疑①行无名，疑事无功。'君亟定变法之虑，殆无顾天下之议之也。且夫有高人之行者，固见负于世；有独知之虑者，必见訾②于民。《语》曰：'愚者暗于成事，智者见于未萌。'民不可与虑始，而可与乐成。郭偃之法曰：'论至德者不和于俗，成大功者不谋于众。'法者所以爱民也，礼者所以便事也。是以圣人苟可以强国，不法其故；苟可以利民，不循③其礼。"

孝公曰："善！"

注释

① 疑：犹豫。
② 訾：通"訾"，毁谤。
③ 循：遵循。

译文

公孙鞅说："我听说过这样一句话：'行动犹豫不决一定不会有什么成就，做事犹豫不决一定不会有什么功效。'国君应该赶快下定变法的决心，不要顾虑天下之人如何议论。况且有超出常人行为的，本来就会被世俗非议；有独到见解的人，也一定会被人嘲笑。《语》说：'愚笨的人在办成事情以后还不明白，聪慧的人对那些还没有发生的事情就能提前预测到。'百姓不能一起讨论事情的开始，却可以和他们一起乐享事情的成功。郭偃的法书上说：'凡是追求最高道德的人都不会附和世俗观点，成就伟大功业的人都不会与民众商议。'法度是用来爱护百姓的，礼制是为了方便做事的。所以圣明的人管理国家，如果能使国家富强，就不用去沿用旧有的法度。如果能使百姓得到好处，就不用去遵循旧的礼制。"

孝公说："好！"

拓 展

　　商鞅(约前390—前338),公孙氏,名鞅,卫国人,战国时期的政治家、思想家,法家的代表人物。他辅佐秦孝公积极地实行变法,使秦国成为富裕强大的国家。

清·樊圻《山水册页》

60 《黄帝内经》一则

中医是中国传统医学，根植于中国古代文化，以阴阳学说为理论核心，形成具有独特理论风格的医学体系。中医重视人与自然的统一，认为人体是一个有机的整体，下面《黄帝内经》中的表述即体现了这一点。

夫人生于地，悬①命于天，天地合气，命之曰人。人能应四时者，天地为之父母；知万物者，谓之天子。天有阴阳，人有十二节；天有寒暑，人有虚实。能经天地阴阳之化者，不失四时；知十二节之理者，圣智不能欺也；能存②八动之变，五胜更立；能达③虚实之数者，独出独入，呿吟④至微，秋毫在目。

——《素问·宝命全形论》

注释

① 悬：关联。
② 存：洞察。
③ 达：通晓。
④ 呿（qū）吟：张口舒气，呼吸。

译文

人生于大地，性命系于苍天，天地阴阳精气相合，孕育出的生命称之为人。人如果能够顺应春夏秋冬四季的变化规律，那天地都如同他的父母；如果能够知道万物生长的道理，就被称为天帝之子。所以天有阴阳变化，人有十二骨节；天有寒来暑往，人有虚实盛衰。能够掌握天地阴阳变化的规律，就不违背四时节候；能够懂得十二骨节的道理，上等的智慧都欺骗不了他；掌握了八风的变化，五行的规律；能够通晓病人虚实变化，就一定能有自己独到的见解，哪怕病人极细微的气息变化，也可以明察秋毫。

拓展

《黄帝内经》为中国最早的医学典籍，分为《灵枢》《素问》两部分，是传统医学四大经典著作之一。作为一部综合性医书，《黄帝内经》在黄老理论的基础上建立了中医学上的"阴阳五行学说""脉象学说""经络学说"等，奠定人体生理、病理、诊断以及治疗的认识基础，是中国影响深远的医学著作。

61　周髀算经·勾股积矩

勾股定理是一个基本的几何定理，指直角三角形的两条直角边的平方和等于斜边的平方。在中国，早在周朝时期，商高就提出了"勾三股四弦五"的说法。下面是《周髀算经》中的相关论述。

数之法出于圆方，圆出于方，方出于矩，矩出于九九八十一[①]。故折矩，以为勾广三，股修四，径隅五。既方之，外半其一矩，环而共盘，得成三四五。两矩共长二十有五，是谓积矩[②]。故禹之所以治天下者，此数之所生也。

注　释

① 九九八十一：指矩中蕴含着乘法之理。
② 积矩：勾、股平方的和。

译　文

数的推算法是出于圆和方，圆的面积由方的面积计算而来，方的面积计算是根据矩形的面积计算方法得出，而矩形面积的计算依据的是九九乘法表。将矩形的两直角边加以折算成一定的比例，短直角边长为三，长直角边长为四，折线长度为五。分别画一个以三和四为边长的正方形从而组成新的矩形，把新的矩形取一半，环绕一周，得成三、四、五。勾股平方之和为二十五，这就是积矩。大禹治理天下，就是由这些数学知识发展而来的。

拓　展

《周髀算经》原名《周髀》，约成书于公元前 1 世纪，是中国最古老的天文学和数学著作，主要阐明了当时的盖天说和四分历法。

天文算法是子部图书部类之一，是研究宇宙空间天体、宇宙结构和发展的学科。我国最早叙录天文算法的古籍是《四库全书》，比较有代表性的数学典籍有《周髀算经》《九章算术》等。

清·王武《花卉册》

62 《鹖冠子》一则

子曰："不学礼，无以立。"只有做到以礼待人，才能赢得别人的尊重，得到支持与拥护。

君也者，端神明①者也，神明者，以人为本者也，人者，以贤圣为本者也，贤圣者，以博选为本者也，博选者，以五至为本者也。故北面而事②之，则伯己③者至，先趋而后息，先问而后默④，则什己⑤者至，人趋己趋，则若己者至，凭几据杖，指麾⑥而使⑦，则厮役者至，乐嗟⑧苦咄⑨，则徒隶之人至矣。故帝者与师处，王者与友处，亡主与徒处。

——《博选》

① 端神明：无为而尊，端若神明。
② 北面而事：古代礼节，尊贵者之位面向南，卑贱者之位面朝北。事，事奉，侍候。
③ 伯己：百倍于己。伯同"百"。
④ 默：不语。
⑤ 什己：十倍于己。
⑥ 指麾：意同"指挥"。
⑦ 使：支使。
⑧ 嗟：表示呼唤的语气词。
⑨ 咄（duō）：表示呵斥的语气词。

译文

君主应该端正精神，以人为根基；人应该以圣贤（这里指君主）为典范；圣贤应该以广泛选取人才为根本；广泛地选取人才应该以"五至"为依据。所以，以对待大臣的礼遇对待人才，那么才能是自己百倍的人才就会到来；先前去聘迎，让人才安居下来，自己再休息，先前去请教，等他说完，自己虚心接受，这样才能是自己十倍的人才就会到来；与人才同行（意为像对待自己一样对待人才），那么才能跟自己一样的人才就会到来；自己坐着靠着几案、站着挂着拐杖，指挥使唤，这样能吸引一些杂役一样的人；以呼唤呵斥待人，只能吸引一些像犯人奴隶一样的人了。所以，称帝者与师尊朝夕相处，王者与友朋朝夕相处,而亡国之君与犯人奴隶一样的人相处。

拓 展

《鹖冠子》是先秦典籍,其中的易学与数术学等学术思想,体现了先秦时期哲学思想的丰富内涵,所提倡的"元气"思想,上承老子道气关系论,下启两汉"元气"论思潮,并与《列子》《吕氏春秋》互相印证,是先秦黄老学派的重要典籍。

清·石涛《山水册》

63   举贤不避亲仇

为官者务必大公无私，正所谓"忠者中也，至公无私"。两千多年前的士大夫祁黄羊就是这样做的。

晋平公问于祁黄羊①曰："南阳无令，其谁可而为之？"祁黄羊曰："解狐②可。"平公曰："解狐非子之雠邪？"对曰："君问可，非问臣之雠也。"平公曰："善。"遂用之，国人称善焉。 居有间，平公又问祁黄羊曰："国无尉③，其谁可而为之？"对曰："午④可。"平公曰："午非子之子邪？"对曰："君问可，非问臣之子也。"平公曰："善⑤。"又遂用之，国人称善焉。孔子闻之曰："善哉，祁黄羊之论也！外举不避雠，内举不避子，祁黄羊可谓公⑥矣。"

——《吕氏春秋·孟春纪·去私》

注 释

① 祁黄羊：名奚，字黄羊，春秋晋国大夫。
② 解狐：春秋晋国大夫，祁县东冀里人。
③ 尉：官名，掌刑狱兵事者。
④ 午：指祁午，祁黄羊的儿子。
⑤ 善：好。
⑥ 公：大公无私，公平。

译 文

晋平公问祁黄羊说："南阳没有地方长官，谁可以胜任这个官职呢？"祁黄羊回答："解狐适合。"晋平公说："解狐难道不是你的仇人吗？"他回答："您问的是谁可以胜任，并不是问的谁是我的仇人呀！"晋平公说："好！"就任命解狐做了南阳长官。大家都称赞任命得好。过了一段时间，平公又问祁黄羊："国家缺少了掌刑狱兵事的人，谁适合担任这个工作？"他回答："祁午适合。"平公说："祁午不就是你的儿子吗？"他回答："您问的是谁适合，又不是问的谁是我的儿子呀！"平公说："好！"于是又任命了祁午。大家都称赞任命得好。孔子听到了这些事，说："祁黄羊的建议真好啊！推荐外人不排除仇人，推荐自己人不回避亲人，祁黄羊可以说是大公无私了。"

拓 展

《吕氏春秋》，又称《吕览》，是秦国相邦吕不韦集合门客编撰的一部杂家名著。该书以"道家学说"为主干，以名家、法家、儒家、墨家、农家、兵家、阴阳家思想学说为素材，熔诸子百家学说于一炉。《吕氏春秋》集先秦诸子百家之大成，是战国末期杂家的代表作。《汉书·艺文志》等将其列入杂家。高诱说《吕氏春秋》"此书所尚，以道德为标的，以无为为纲纪"。

清·王鉴《仿古山水》

64　塞翁失马

　　老子说："祸兮，福之所倚；福兮，祸之所伏。"这句话可以概括为四个字，即"祸福相依"。这世间没有绝境，换一种角度看世界，我们往往可以发现反败为胜的生机。同样地，处于顺境之中也要居安思危，保持警惕之心。

　　近塞上①之人，有善术者②，马无故亡③而入胡。人皆吊④之。其父曰："此何遽⑤不为福乎？"居数月，其马将胡骏马而归。人皆贺之，其父曰："此何遽不能为祸乎？"家富良马，其子好⑥骑，堕而折其髀⑦。人皆吊之，其父曰："此何遽不为福乎？"居一年，胡人大⑧入塞，丁壮者引弦⑨而战。近塞之人，死者十九⑩，此独以跛之故，父子相保。故福之为祸，祸之为福，化不可极，深不可测也。

——《淮南子·人间训》

注　释

　　① 塞上：长城一带。

　　② 善术者：精通术数的人。善，擅长。术，术数，推测人事吉凶祸福的法术。

　　③ 亡：逃跑。

　　④ 吊：对别人的不幸表示安慰。

　　⑤ 何遽（jù）：怎么就，表示反问。

　　⑥ 好：喜欢。

　　⑦ 髀（bì）：大腿骨。

　　⑧ 大：大举。

　　⑨ 引弦：拿起武器。

　　⑩ 十九：十分之九，指绝大部分。

译　文

　　在边境一带居住的人中有一个精通术数的人，他们家的马没有缘由地跑到了胡人的住地。人们都前来安慰他。这家的父亲说："这怎么就不能是一件好事呢？"过了几个月，那匹马带着胡人的良马回来了。人们都前来祝贺他们一家，那个父亲说："这怎么就不能是一件坏事呢？"他家中有很多好马，他的儿子喜欢骑马，结果从马上掉下来，把大腿摔骨折了。人们都前来安慰他们一家。那个父亲说："这怎么就不能是一件好事呢？"过了一年，胡人大举入侵边境一带，壮年男子都拿起武器去作战。边境附近的人，绝大部分都死了，只有这个儿子因为腿瘸的缘故免于征战，父子得以保全生命。所以福转化为祸，祸转化为福，其中的造化没有办法达到极点，其中的深奥没有方法来探测。

拓 展

《淮南子》，又名《淮南鸿烈》《刘安子》，是西汉皇族淮南王刘安及其门客编写而成的一部哲学著作。该书在继承先秦道家思想的基础上，糅合了阴阳、墨、法和一部分儒家思想，对后世研究秦汉时期文化起到了不可替代的作用。《汉书·艺文志》《四库全书总目》都将其归入"杂家"。

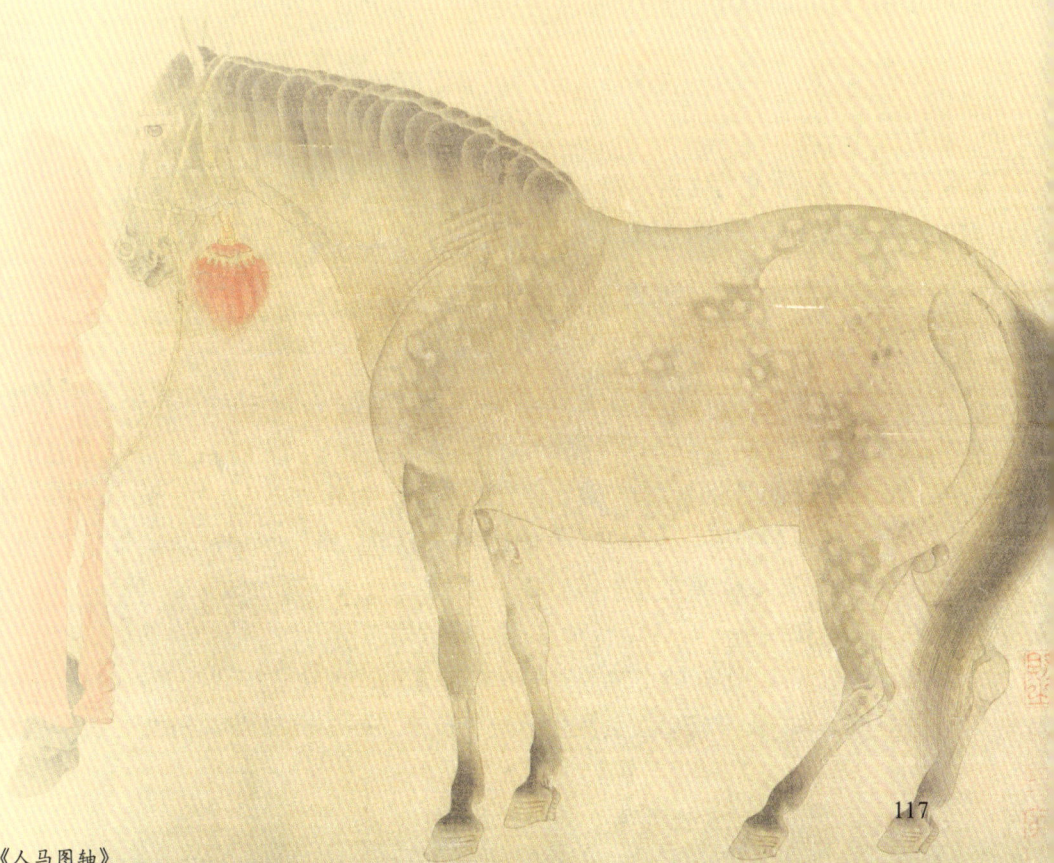

元·任贤佐《人马图轴》

65 画工

画里真真，用来比喻不切实际的空想，或是根本实现不了的幻想。那真真究竟是一位怎样的女子，这个成语背后又有怎样有趣的故事呢？

唐进士赵颜，于画工处得一软障①，图一妇人甚丽。颜谓画工曰："世无其人也，如何令生，某愿纳为妻。"画工曰："余神画也，此亦有名，曰真真。呼其名百日，昼夜不歇，即必应之。应则以百家彩灰酒灌之，必活。"颜如其言，遂呼之百日，昼夜不止。乃应曰："喏。"急以百家彩灰酒灌，遂活。下步言笑，饮食如常。曰："谢君召妾，妾愿事箕帚②。"终岁，生一儿，儿年两岁，友人曰："此妖也，必与君为患！余有神剑，可斩之。"其夕，乃遗颜剑。剑才及颜室。真真乃泣曰："妾南岳③地仙也，无何为人画妾之形，君又呼妾名，既不夺君愿。君今疑妾，妾不可住。"言旋，携其子却上软障，呕出先所饮百家彩灰酒。睹其障，唯添一孩子，皆是画焉。

——《太平广记》

注 释

① 软障：屏风。
② 箕帚：此指家内洒扫之事。
③ 南岳：衡山的古称。

译 文

唐代，有个叫赵颜的进士，从画工那里得到一个布制屏风，画中是一个非常艳丽的女子。赵颜对画工说："世间没有这样美丽的人啊。如果她真活了，我愿娶她为妻。"画工说："这是我的神画。画中女子叫作真真。只要你连续一百天昼夜不停地叫她的名字，她就一定能够答应。那时你再用百家彩灰酒请她喝，一定会活的。"赵颜照他说的去做了，一直昼夜不歇地呼唤真真的名字，连呼一百天。画上的女子果然应了一声："哎！"赵颜慌忙地斟上一杯百家彩灰酒，请真真喝了。不一会儿，她真的活了，并有说有笑地从画上走下来，而且同正常人一样吃喝。她说："谢谢你把我唤来，我愿意做你的妻子，好好服侍你。"一年以后，真真生下一个孩子。孩子长到两岁的时候，有个朋友对他说：

"这女人是个妖怪，必然会给你带来灾难。我有把神剑，你可以用它斩杀了她！"当天晚上，那位朋友把剑送给赵颜，赵颜刚把剑带进屋子，真真便哭着说："我本是南岳的地仙，不知被什么人画了形体，你又叫我的名字，我不想让你失望才走下来的。你今天已经开始怀疑我了，我也就不能再与你生活下去了。"说完，带着孩子又回到了屏风上，张开口吐出了肚中的百家彩灰酒。看看那屏风，只是多了个孩子，这全是画的呀。

拓 展

《太平广记》是古代文言小说的第一部总集，由宋代李昉等 12 人奉宋太宗之命编纂。全书 500 卷，目录 10 卷，取材于汉代至宋初的野史传说及道经、释藏等。因成书于宋太平兴国年间（976—984），和《太平御览》同时编纂，所以叫作《太平广记》。书中有六朝志怪的故事，也有唐代的传奇，读来甚是有趣。

唐·周昉《簪花仕女图》

66 《老子》第十一章

有和无是对立统一的关系。有、无相生相成，才构成了能为人类所利用的世间万物。老子以"车""器""室"为例，说明我们看到物的实体时，还要想到"无"的部分，你还能想到什么事物呢？

三十辐①共一毂②，当其无，有车之用。埏埴③以为器，当其无，有器之用。凿户牖④以为室，当其无⑤，有室之用。故有之以为利，无之以为用。

注释

① 辐：车轮上的直棍，有如自行车的钢丝。三十辐，是一个车轮直棍的数目。

② 毂（gǔ）：即车轮中心穿车轴的圆木，北方叫它"车头"。

③ 埏（shán）埴（zhí）：即用抟土和陶土做成饮食用的器皿。埏，借为"抟"，即抟土。埴，陶土。

④ 牖（yǒu）：窗户。

⑤ 无：三个"无"，均作"空虚"解。

译文

三十根辐条穿在车头，中间必须留出空间，才能装上车轴，使车轮有转动的作用。揉搓黏土做陶器，器皿中间必须留出空间，器皿才能发挥盛放物品的功用。建造房屋，开门窗、凿窑洞，四壁中空才能居住。因此，"有"给人便利，"无"才是真正发挥了它的作用。

拓展

小国寡民。使有什伯之器而不用；使民重死而不远徙；虽有舟舆，无所乘之，虽有甲兵，无所陈之；使民复结绳而用之。甘其食，美其服，安其居，乐其俗。邻国相望，鸡犬之声相闻，民至老死，不相往来。

——《老子》第八十章

清·髡残《山水图卷》

67 《关尹子》一则

每个人都以心中的情绪为出发点,行为举止都会自然地反映内心的情绪。弹琴者以琴抒写心声,同样地,有道者将道奉为圭臬。

关尹子曰:"人之善①琴者,有悲心,则声凄凄②然;有思心,则声迟迟然;有怨心,则心回回然;有慕心,则声裴裴③然。所以悲、思、怨、慕者,非手,非竹,非丝,非桐;得之心,苻之手;得之手,苻之物。人之有道者,莫不中道。"

——《三极》

注 释

① 善:擅长。
② 凄凄:悲伤。
③ 裴裴:形容琴声婉转低回。

译 文

关尹子说:"擅长弹琴的人,若有伤悲,则琴声凄切;若有所思,则琴声迟缓;若有怨恨,则琴声低回;若有思慕,则琴声婉转。这些情绪的产生,不只是因为手或乐器,而是心先有这些情绪,传递到手,再反映到乐器上。同理,得道之人,心系大道,所有言行举止无不符合大道。"

拓 展

老子修道德,其学以自隐无名为务。居周久之,见周之衰,乃遂去。至关,关令尹喜曰:"子将隐矣,彊为我著书。"于是老子乃著书上下篇,言道德之意五千余言而去,莫知其所终。

——汉·司马迁《老子韩非列传》

清·玉鉴 王时敏《仿古山水碧吟秋亭》

68　杞人忧天

　　有些人整天怀着毫无必要的担心和无穷无尽的忧愁，为本来不用担心的事惶惶不可终日；居安思危固然可贵，而保持乐观积极的心态更为重要。

　　杞①国有人忧天地崩坠②，身亡③所寄④，废寝食者。又有忧彼之所忧者，因往晓⑤之，曰："天，积气耳，亡处亡气。若⑥屈伸⑦呼吸，终日在天中行止，奈何忧崩坠乎？"

　　其人曰："天果积气，日月星宿⑧，不当坠耶？"

　　晓之者曰："日月星宿，亦积气中之有光耀者，只使⑨坠，亦不能有所中伤⑩。"

　　其人曰："奈地坏何？"

　　晓者曰："地积块耳，充塞四虚⑪，亡处亡块。若躇步跐蹈⑫，终日在地上行止⑬，奈何⑭忧其坏？"

　　其人舍然⑮大喜，晓之者亦舍然大喜。

——《列子·天瑞》

注　释

　　① 杞：春秋时期国名，在今河南省杞县。

　　② 崩坠：崩塌，坠落。

　　③ 亡（wú）：同"无"。

　　④ 寄：依附，依托。

　　⑤ 晓：开导。

　　⑥ 若：你。

　　⑦ 屈伸：身体四肢的活动。

　　⑧ 星宿（xiù）：泛指星辰。

　　⑨ 只使：即使。

　　⑩ 中（zhòng）伤：打中击伤。

　　⑪ 四虚：四方。

　　⑫ 躇（chú）步跐（cǐ）蹈：泛指人的站立行走。躇，立。步，行。跐，踩。蹈，跳。

⑬ 行止：行动和停止。

⑭ 奈何：为何，为什么。

⑮ 舍然：消除疑虑的样子。

译文

杞国有个人担忧天会塌地会陷，自己无处存身，便整天睡不好觉，吃不下饭。又有一个为他的忧愁而担心的人，就去开导他，说："天不过是积聚的气体罢了，没有哪个地方没有空气的。你一举一动，一呼一吸，整天都在天空里活动，怎么还担心天会塌下来呢？"

那个人说："天如果是气体，日月星辰不就会坠落下来了吗？"

开导他的人说："日月星辰也是空气中发光的东西，即使掉下来，也不会伤害什么。"

那个人又说："那地陷了又怎么办呢？"

开导他的人说："大地是土块堆积成的罢了，填满了四处，没有什么地方是没有土块的。你行走跳跃，整天都在地上活动，怎么还担心会陷下去呢？"

经过这个人一解释，那个杞国人放下心来，很高兴；开导他的人也放了心，很高兴。

拓展

其书大略明群有以至虚为宗，万品以终灭为验，神惠以凝寂常全，想念以著物为表，生觉与化梦等情。巨细不限一域，穷达无假智力，治身贵于肆仕，顺性则所至皆适，水火可蹈。忘怀则无幽不照，此其旨也。

——晋·张湛《列子序》

清·查士标《山水十开》

69 《庄子》二则

　　《庄子·天下篇》是现存最早的一篇将六经并置且道出其价值所在的文献，由此可见，六经影响之大及其经典化的进程。其实六经不仅是儒家经典，也是诸子百家共同的思想源泉。

　　《诗》以道①志，《书》以道事，《礼》以道行，《乐》以道和，《易》以道阴阳，《春秋》以道名分。

——《天下》

　　荃②者所以在鱼，得鱼而忘③荃；蹄④者所以在兔，得兔而忘蹄；言者所以在意，得意而忘言。

——《外物》

注 释

① 道：表达，讲述。
② 荃：通"筌"，一种捕鱼的竹器。
③ 忘：遗忘。
④ 蹄：兔网。

译 文

　　《诗》用来表达情志，《书》用来记载事情，《礼》用来规范行为，《乐》用来调和，《易》用来说明阴阳，《春秋》用来正名分。

　　捕到鱼后就可以忘记捕鱼的工具——竹笼；捕到兔子后就可以忘记捕兔的工具——兔网。语言是用来表达意义的，得到了意义就可以忘记语言。

拓 展

　　楚威王闻庄周贤，使使厚币迎之，许以为相。庄周笑谓楚使者曰："千金，重利；卿相，尊位也。子独不见郊祭之牺牛乎？养食之数岁，衣以文绣，以入大庙。当是之时，虽欲为孤豚，岂可得乎？子亟去，无污我。我宁游戏污渎之中自快，无为有国者所羁，终身不仕，以快吾志焉。"

——汉·司马迁《老子韩非列传》

清·恽寿平《花卉册豆花石竹》

70 轮扁斫轮

《周易》有言"修辞立其诚"，意思是写文章应表现出作者的真实意图；孟子主张"读其诗，颂其书"，从而知人论世；而同时代的庄子却通过"轮扁斫轮"的故事告诉人们，语言是不能准确传达作者思想的。《老子》开篇就说"道可道，非常道"，孔子也曾说"余欲无言"。这些经典表述都深刻影响着哲学阐释与文学批评。

桓公读书于堂上，轮扁①斫轮于堂下，释椎凿而上，问桓公曰："敢问：公之所读者，何言邪？"公曰："圣人之言也。"曰："圣人在乎？"公曰："已死矣。"曰："然则君之所读者，古人之糟粕已夫！"桓公曰："寡人读书，轮人安得议乎！有说则可，无说则死！"轮扁曰："臣也以臣之事观之。斫轮，徐则甘而不固②，疾则苦而不入③，不徐不疾，得之于手而应于心，口不能言，有数存焉于其间。臣不能以喻臣之子，臣之子亦不能受之于臣，是以行年七十而老斫轮。古之人与其不可传也死矣，然则君之所读者，古人之糟粕已夫！"

——《庄子·天道》

注释

① 轮扁：制造车轮的人。
② 甘而不固：滑动而不牢固。指轮孔太大车辐条松动。甘，滑。
③ 苦而不入：滞涩而难进入。

译文

齐桓公在堂上读书，轮扁在堂下砍削木材制作车轮。轮扁放下工具走上堂来，问齐桓公说："请问，您所读的是什么书呀？"齐桓公说："是记载圣人之言的书。"又问："圣人还在吗？"齐桓公说："已经死去了。"轮扁说："既然这样，那么您所读的不过是圣人留下的糟粕罢了。"齐桓公说："我读书，一个做轮子的匠人怎么能议论？说出道理就可以放过你，没有道理可说就要处死。"轮扁说："我是从我做的事情得知的。砍削木材制作轮子，榫头做得过于宽大，就会松动而不牢固，做得太紧了，又会滞涩而难以进入。我做得不宽不紧，从手中做出的活儿，正符合心中摸索出的经验。这种火候说不出来，但是有个标准存在其中。我不能明白地告诉我的儿子，我儿子也不能得到我的经验和方法，所以我已七十岁了，还在独自做车轮。古代人和他们所不能言传的东西都死去了，那么您读的书不过就是古人留下的糟粕罢了！"

拓展

庄子者，蒙人也，名周。周尝为蒙漆园吏，与梁惠王、齐宣王同时。其学无所不窥，然其要本归于老子之言。故其著书十余万言，大抵率寓言也。作《渔父》《盗跖》《胠箧》，以诋訾孔子之徒，以明老子之术。畏累虚、亢桑子之属，皆空语无事实。然善属书离辞，指事类情，用剽剥儒、墨，虽当世宿学不能自解免也。其言洸洋自恣以适己，故自王公大人不能器之。

——汉·司马迁《史记·老子韩非列传》

清·袁耀《山水四景·平冈艳雪》

文化记忆三·中国画

中国画是用中国所独有的毛笔、水墨和颜料，依照长期形成的表现形式及艺术法则而创作出的绘画。以其鲜明的特色和风格在世界画苑中独具体系。中国画在古代一般称为丹青，主要指的是画在绢、纸上并加以装裱的卷轴画。近现代简称国画。

中国画按其使用材料和表现方法，又可分为工笔、白描、写意等；按其题材又有人物画、山水画、花鸟画等。中国画的画幅形式较为多样，横向展开的有长卷（又称手卷）、横幅，纵向展开的有条幅、中堂，盈尺大小的有册页、斗方，画在扇面上的有折扇、团扇等。

一、人物画

人物画内容以描绘人物为主。因绘画侧重不同，又可分为人物肖像画和人物故事、风俗画。据记载，人物画在春秋时期已经达到很高水准。代表人物有顾恺之、张僧繇、阎立本、吴道子、张萱、周昉、顾闳中等。

唐·阎立本《步辇图》

二、山水画

山水画简称"山水"，是以描写山川自然景色为主题的绘画。在魏晋六朝，逐渐发展，但大多作为人物画的背景；至隋唐，已有不少独立的山水画创作；五代、北宋益趋成熟，作者纷起，从此成为中国画中的一大画科。山水画主要有青绿、金碧、没骨、浅绛、水墨等形式，在艺术表现上讲求经营位置和表达意境。代表人物有展子虔、李思训、荆浩、关仝、董源、巨然、李成、范宽、郭熙等。

1. 水墨画

水墨画是纯用水墨的画体。以笔法为主导，充分发挥墨法的功能，取得"水晕墨章""如兼五彩"的艺术效果。唐张彦远《历代名画记》"运墨而五色具"，所谓"五色"，说法不一，或指焦、浓、重、淡、轻，或指浓、淡、干、湿、黑。代表人物有郭熙、范宽、倪瓒、王蒙、沈周、文徵明、仇英等。

2. 青绿

青绿，指中国画颜料中的石青和石绿作为主色的画。若为山水画还有大青绿和小青绿之分。前者多钩廓，皴笔少，着色浓重；后者是在水墨淡彩的基础上薄施青绿。代表人物有李思训、李昭道、王希孟、赵伯驹、赵伯骕等。

3. 浅绛

浅绛是在水墨勾勒被染的基础上，敷设以赭石为主色的淡彩山水画。元画家黄公望、王蒙等好作此种山水画，形成了一种风格。赭石又称"土朱"，有火成的和水成的。入画的赭石，出在赤铁矿中。原产山西雁门一带，古属代郡，所以又叫"代赭"。代表人物有黄公望、王原祁等。

宋•范宽《溪山行旅图》　　　　　北宋•崔白《双喜图》

4. 泼墨

泼墨是中国画的一种技法。后世泛指笔势豪放、墨如泼出的画法为"泼墨"。代表人物有徐渭、梁楷等。

三、花鸟画

花鸟画以描绘花卉、竹石、鸟兽、虫鱼等为画面主体。四五千年以前的陶器上出现的简单鱼鸟图案，可以看作最早的花鸟画。据唐代张彦远《历代名画记》中的记载，东晋和南朝时，画在绢帛上的花鸟画已经逐步形成独立的画科，并且出现一些专门的画家。五代、两宋间，这一画科更趋成熟。代表人物有崔白、赵佶、李嵩、徐渭、朱耷、郑燮等。

集部

集部之目，楚辞最古，别集次之，总集次之，诗文评又晚出，词曲则其闰余也。古人不以文章名，故秦以前书无称屈原、宋玉工赋者。泊乎汉代，始有词人。迹其著作，率由追录。故武帝命所忠求相如遗书。魏文帝亦诏天下上孔融文章。至于六朝，始自编次。唐末又刊板印行。夫自编则多所爱惜，刊板则易于流传。四部之书，别集最杂，兹其故欤！然典册高文，清词丽句，亦未尝不高标独秀，挺出邓林。

——清·纪昀等《四库全书总目·集部总叙》

译文

集部目录，楚辞最为古老，其次是别集，再次是总集，诗文评在更晚的时间出现，词曲是诗词之后增加的。古人不以文章著称于世，所以秦朝以前的书中，没有称赞屈原、宋玉擅长赋作的。到了汉代才开始有文人。寻求这些文集成书的历程，都是后世追述寻求加以著录的。所以汉武帝命令忠于他的人搜求司马相如遗留的书稿。魏文帝也昭告天下上缴孔融的文章。到了六朝，开始编录文集。唐朝末年，又雕版印刷并发行。自己编辑的就多有爱惜，雕版印刷的就便于流传。四部典籍别集最繁杂，这就是原因。然而，经典高妙的文章，清雅美丽的词句，未尝不出类拔萃，如同一枝暄妍的桃花挺出了文学的园林。

——清·纪昀等《四库全书总目·集部总叙》

71　天问（节选）

［战国］屈　原

中国空间站"天宫"的组成部分——"问天"实验舱已在九天巡游。那么，你是否知道这中国式浪漫的源头呢，读读屈原的《天问》，你会佩服诗人非凡的学识和超卓的想象力。

曰：遂①古之初，谁传道②之？

上下③未形，何由考之？

冥昭④瞢暗⑤，谁能极⑥之？

冯翼⑦惟象，何以识之？

明明暗暗，惟时⑧何为？

阴阳三合⑨，何本何化⑩？

圜⑪则九重⑫，孰营度之？

惟兹何功⑬，孰初作之？

斡⑭维⑮焉系，天极⑯焉加⑰？

八柱⑱何当⑲，东南何亏？

九天⑳之际㉑，安放安属㉒？

隅㉓隈㉔多有，谁知其数？

天何所沓㉕？十二㉖焉分？

日月安属？列星安陈？

出自汤谷，次于蒙汜㉗。

自明及晦，所行几里？

注释

① 遂：往。

② 传道：传说。

③ 上下：指天地。

④ 冥昭：指昼夜。

⑤ 瞢(méng)暗：昏暗不明的样子。

⑥ 极：穷究。

⑦ 冯(píng)翼：大气鼓荡流动的样子。

⑧ 时：通"是"，这样。

⑨ 三合：参错相合。三，通"参"。

⑩ 化：化生。

⑪ 圜(yuán)：天体。

⑫ 九重：九层。

⑬ 功：事。

⑭ 斡(guǎn)：转轴。

⑮ 维：绳。

⑯ 天极：天的顶端。

⑰ 加：安放。

⑱ 八柱：古代传说有八座大山做支撑天空的柱子。

⑲ 当：在。

⑳ 九天：指天的中央和八方。

㉑ 际：边界。

㉒ 属：连接。

㉓ 隅：角落。

㉔ 隈(wēi)：弯曲的地方。

㉕ 沓(tà)：会合，指天地相合。

㉖ 十二：指古天文学家把天划分的十二区，每区都有星宿做标记。

㉗ 蒙汜(sì)：古代神话中太阳在晚上停住的地方。

拓 展

《天问》为屈原所作。屈原被逐，心中忧愁憔悴，彷徨于川泽之间，游荡在平原丘陵之上。四下游览之后，身体疲惫，于壁画下修养精神，抬头正看到所绘图案，于是在墙壁上书写了文字，以抒发心中的感情。从另一层意义上说，《天问》也可以作为题画诗的源头。

清·黄山寿《拟古山水册》

72 越人歌

吴侬软语今可闻,越人越歌亦可追。高山流水觅知音的友情众口传诵,山木相依偶同船的故事,何尝不在吴越静静流淌的江面上余韵袅袅。

今夕何夕兮,搴^①洲中流,

今日何日兮,得与王子同舟。

蒙羞被^②好兮,不訾^③诟耻^④,

心几^⑤烦而不绝兮,得知王子。

山有木兮木有枝,

心说^⑥君兮君不知。

注释

① 搴(qiān):提衣涉水,句译在河中漫游。

② 被(pī):同"披",覆盖。

③ 訾(zǐ):说坏话。

④ 诟(gòu)耻:耻辱。

⑤ 几:同"机"。

⑥ 说(yuè):同"悦"。

拓展

越人是古代生活在长江以南广大沿海地区的一个大族群,文献上称为百越。越人生活的南方温热潮湿,雨量充沛,有纵横交错、星罗棋布的江河湖海,这样的地理环境使得古越人熟谙水性,"善于舟楫"。

《越人歌》最早收录于西汉刘向的《说苑》。朱熹《楚辞集注》:"《越人歌》者,楚王之弟鄂君泛舟于新波之中,榜枻越人拥棹而歌此词。其义鄙亵不足言,特以其自越而楚,不学而得其余韵,且于周太师六诗之所谓兴者,亦有契焉。知声诗之体,古今共贯,胡、越一家,有非人之所能为者,是以不得以其远且贱而遗之也。"

明·沈周《东庄图册》

73　古怨歌

[汉] 窦玄妻

这首诗歌据说为东汉窦玄妻所作。相传窦玄入仕以后，娶了公主，遗弃了原妻。原妻被弃，心中怀怨，因而写了这首歌寄给他。

茕茕①白兔，东走西顾。
衣不如新，人不如故。

注释

① 茕（qióng）茕：孤独无依的样子。

拓展

这首诗最早见于《太平御览》，题为《古艳歌》。清沈德潜《古诗源》中记作者为东汉窦玄之妻。

怨歌行
[汉] 班婕妤

新裂齐纨素，皎洁如霜雪。
裁为合欢扇，团团似明月。
出入君怀袖，动摇微风发。
常恐秋节至，凉飙夺炎热。
弃捐箧笥中，恩情中道绝。

清·恽寿平《仿古山水册》

74　上邪

　　这是一首民间情歌，一段感情强烈、辞气奔放的告白。女子为了表达她对情人忠贞不渝的感情，指天发誓，指地为证，要永远和所爱之人相亲相爱。诗短情长，撼人心魄。

上邪①！

我欲与君相知②，长命③无绝衰④。

山无陵⑤，江水为竭⑥，

冬雷震震⑦，夏雨雪⑧，

天地合⑨，乃敢⑩与君绝！

注 释

① 上邪（yé）：上天啊。上，指天。邪，感叹词。

② 相知：结为知己，即相亲相爱。

③ 命：古与"令"字通，使。

④ 衰：衰减，断绝。

⑤ 陵（líng）：山峰，山头。

⑥ 竭：干涸。

⑦ 震震：形容雷声。

⑧ 雨（yù）雪：降雪。

⑨ 天地合：天与地合二为一。

⑩ 乃敢：才敢。敢，委婉用语。

拓 展

　　《上邪》为《铙歌十八曲》之一，属乐府《鼓吹曲辞》。

　　明·胡应麟《诗薮》："《上邪》言情，短章中神品！"

　　清·沈德潜《古诗源》卷三："'山无陵'下共五事，重叠言之，而不见其排，何笔力之横也。"

　　清·陈本礼《汉诗统笺》："'绝'下复赘一'衰'字，是欲其命无绝而恩无衰也。望之切，故不觉其词之复。'乃敢'二字婉曲。"

75 咏怀八十二首（其一）

[三国魏] 阮　籍

　　《咏怀八十二首》是魏晋时期文学家阮籍创作的一组诗。这组诗主要抒写阮籍在魏晋易代的黑暗现实生活中的各种感慨，因此被视为正始之音的代表，在中国诗歌史上具有开创意义。下面所选的第一首诗可以视为奠定全诗基调的序诗。

夜中①不能寐，起坐弹鸣琴。

薄帷②鉴③明月，清风吹我襟。

孤鸿④号⑤外野，翔鸟⑥鸣北林。

徘徊将何见？忧思独伤心。

注 释

① 夜中：中夜，半夜。

② 薄帷：薄薄的帐幔。

③ 鉴：照。

④ 孤鸿：失群的大雁。

⑤ 号：鸣叫，哀号。

⑥ 翔鸟：飞翔盘旋着的鸟。

拓 展

　　阮籍的咏怀诗（包括四言咏怀诗13首），是他一生诗歌创作的总汇。《晋书·阮籍传》说："作咏怀诗八十余篇，为世所重。"这82首诗是诗人的随感随写，而第一首起到序诗的作用，所以清人方东树说："此是八十一首发端，不过总言所以咏怀不能已于言之故。"（《昭昧詹言》卷三）

76　西洲曲①

［南朝梁］萧　衍

"海水梦悠悠，君愁我亦愁"，如同悠悠海水，绵绵的相思没有穷尽。《西洲曲》作为南朝民歌的代表作品，其情韵婉转历来为人称道，有人评价其诗句续续相生，指的是诗中大量运用顶针的方法，前后绵绵相承而情思悠悠不尽。

忆梅下②西洲③，折梅寄江北④。

单衫杏子红，双鬓鸦雏色⑤。

西洲在何处？两桨桥头渡⑥。

日暮伯劳⑦飞，风吹乌臼⑧树。

树下即门前，门中露翠钿⑨。

开门郎不至，出门采红莲。

采莲南塘秋，莲花过人头。

低头弄莲子⑩，莲子青如水⑪。

置莲怀袖中，莲心⑫彻底红。

忆郎郎不至，仰首望飞鸿⑬。

鸿飞满西洲，望郎上青楼⑭。

楼高望不见，尽日⑮栏杆头。

栏杆十二曲，垂手明如玉。

卷帘天自高，海水摇空绿。

海水梦悠悠，君愁我亦愁。

南风知我意，吹梦到西洲。

注释

① 西洲曲：选自《乐府诗集·杂曲歌辞》。西洲曲，乐府曲调名。

② 下：往。

③ 西洲：当是在女子住处附近。

④ 江北：当指男子所在的地方。

⑤ 鸦雏色：像小乌鸦一样的颜色。形容女子的头发乌黑发亮。

⑥ 两桨桥头渡：从桥头划船过去，划两桨就到了。

⑦ 伯劳：鸟名，仲夏始鸣，喜欢单栖。这里一方面用来表示季节，一方面暗喻女子孤单的处境。

⑧ 乌臼：现在写作"乌桕"。

⑨ 翠钿：用翠玉做成或镶嵌的首饰。

⑩ 莲子：和"怜子"谐音双关。

⑪ 青如水：和"清如水"谐音，隐喻爱情的纯洁。

⑫ 莲心：和"怜心"谐音，即爱情之心。

⑬ 望飞鸿：这里暗含有望书信的意思。因为古代有鸿雁传书的传说。

⑭ 青楼：油漆成青色的楼。唐朝以前的诗中一般用来指女子的住处。

⑮ 尽日：整天。

拓 展

清•沈德潜《古诗源》："续续相生，连跗接萼，摇曳无穷，情味愈出。"

清•陈祚明《采菽堂古诗选》："言情之绝唱。"

清•王翚《仿古山水册》

77　回乡偶书（其二）

［唐］贺知章

　　宋代陆游说过："文章本天成，妙手偶得之。"贺知章《回乡偶书》一诗感情自然、语言声韵仿佛自肺腑自然流出，朴实无华，不事雕琢，实现了前人所说的"化境"。

　　　　离别家乡岁月多，近来人事半消磨①。
　　　　惟有门前镜湖②水，春风不改旧时波。

注 释

①　消磨：逐渐消失、消除。
②　镜湖：湖泊名，在今浙江省绍兴市会稽山的北麓。

拓 展

　　贺知章（659—744），字季真，号四明狂客，唐代越州永兴（今浙江省杭州市萧山区）人。其诗文以绝句见长，除祭神乐章、应制诗外，写景、抒怀之作风格独特，清新潇洒。代表作有《咏柳》《回乡偶书》。

明·陈洪绶《山水人物花卉册》

78 望月怀远

［唐］张九龄

望月，字字皎皎凝辉。海上明月，则澄澈上下；天涯此时，则关映千里；遥夜相思，则忽临自身；灭烛披衣，则照见心帷；盈掬相赠，则流光徘徊；还寝邀梦，则其人皎皎如月矣。

怀远，字字脉脉生情。海上明月，则思发浩渺；天涯此时，则念起如一；遥夜相思，则怨亦清切；灭烛披衣，则思亦辗转；盈掬相赠，则愿生千般；还寝邀梦，则其心脉脉一处矣。

海上生明月，天涯共此时。
情人怨遥夜①，竟夕②起相思。
灭烛怜光满，披衣觉露滋。
不堪③盈手赠，还寝④梦佳期。

注释

① 遥夜：长夜。
② 竟夕：一整夜。
③ 不堪：不能。
④ 还（huán）寝：回去睡觉。

拓展

张九龄（678—740），字子寿，号博物，韶州曲江人。唐开元尚书丞相，诗人。他的五言古诗诗风清淡，语言质朴，寄托深远，对扫除唐初所沿袭的六朝绮靡诗风有重大贡献。著有《曲江集》。

清·杨晋《仿古山水》

79 终南①望余雪②

[唐] 祖 咏

歌咏高山的积雪，若是从正面着笔去写，不过是山之高、天空之碧蓝与皓素相映。但是这首诗却从侧面去想象，写出了遥望雪后的南山，如开霁色，而长安每家每户顿生寒冷，终南山高寒景象便呼之欲出了。

终南阴岭③秀，积雪浮云端。
林表④明霁⑤色，城中增暮寒。

注 释

① 终南：山名，在唐京城长安（今陕西省西安市）南 60 里处。
② 余雪：没有融化的雪。
③ 阴岭：北面的山岭，背向太阳，故曰阴。
④ 林表：林外，林梢。
⑤ 霁（jì）：雨、雪后天气变晴。

拓 展

祖咏（699—746），洛阳人，唐代诗人，少有文名，擅长诗歌创作。其与王维友善，王维在济州赠诗云："结交二十载，不得一日展。贫病子既深，契阔余不浅。"（《赠祖三咏》）其流落不遇的情况可知。唐玄宗开元十二年（724），进士及第。其后入仕，而仕途落拓，后归隐汝水一带。

宋·范宽《雪景寒林图》

80 宣州①谢朓楼②饯别校书③叔云

[唐] 李 白

　　人生不如意事常八九。我们要做的就是：永远不要忘记曾经有过的"上青天揽月"的初心，怀着峰回路转的信念，到那时才会有"坐看云起时"的心境。

弃我去者，昨日之日不可留；

乱我心者，今日之日多烦忧。

长风万里送秋雁，对此可以酣高楼。

蓬莱④文章建安骨⑤，中间小谢又清发。

俱怀逸兴壮思飞，欲上青天揽明月。

抽刀断水水更流，举杯销愁愁更愁。

人生在世不称意，明朝散发弄扁舟。

注释

① 宣州：今安徽省宣城市。

② 谢朓楼：又称谢公楼，也称北楼。

③ 校书：官名，校书郎的简称。

④ 蓬莱：指东汉时藏书的东观。

⑤ 建安骨：指汉献帝建安年间，曹操父子和"建安七子"的作品风格刚健清新，被后世称为"建安风骨"。

拓展

　　清·王尧衢《古唐诗合解》："此篇三韵两转，而起结别是一法。（前四句）起势豪迈，如风雨之骤至。言日月如流，光阴如驶已去之。昨日难留，方来之忧思烦乱，况人生之聚散不定，而秋风又复可悲乎！当此秋风送雁，临眺高楼，可不尽醉沉酣，以写我忧乎？"

清·王鉴《湘碧居士仿古册》

81 长干行

［唐］崔 颢

这首诗不以任何色彩映衬，如同水墨；它不用任何外饰烘托，如同素描；它不向任何布景借力，犹如一曲男女声对唱；它截头去尾，突出主干，宛如一出独幕剧。

君家何处住？妾住在横塘①。
停船暂借问，或恐是同乡。

注 释

① 横塘：现江苏省南京市江宁区。

拓 展

崔颢（hào）（704—754），唐玄宗开元十一年（723）进士，官至太仆寺丞。其最著名的诗是《黄鹤楼》，据说李白为之搁笔，曾有"眼前有景道不得，崔颢题诗在上头"的赞叹。《全唐诗》收录其诗 42 首。

长干行
［唐］崔 颢

家临九江水，来去九江侧。
同是长干人，自小不相识。

82　送灵澈上人①

〔唐〕刘长卿

　　竹林寺的灵澈上人饶有潇洒出尘的雅致，"荷笠带斜阳"尽显其仪度，真可谓是诗中有画。

苍苍②竹林寺③，杳杳④钟声晚。
荷笠⑤带斜阳，青山独归远。

注 释

① 灵澈上人：唐代著名僧人。上人，对僧人的敬称。
② 苍苍：深青色。
③ 竹林寺：在现在江苏丹徒南。
④ 杳（yǎo）杳：深远的样子。
⑤ 荷（hè）笠：背着斗笠。

拓 展

　　刘长卿（709—789），字文房，宣城人。唐玄宗天宝年间（742—756）进士，唐肃宗至德（756—758）中官监察御史。因刚而犯上，两度迁谪。德宗建中年间，官终随州刺史，世称刘随州。

明·沈周《京江送别图》

83　登高

［唐］杜　甫

　　秋天总是给人一种萧瑟之感，历来诗人多悲秋。此类诗作中，杜甫《登高》被推为"古今七言律诗第一"。诗人由秋及人，由异乡漂泊写到多病缠身，后又归结到时世艰难是潦倒不堪的根源，一位忧国伤时的诗人形象跃然纸上。

风急天高猿啸哀，渚①清沙白鸟飞回。

无边落木②萧萧下，不尽长江滚滚来。

万里悲秋常作客③，百年多病独登台。

艰难苦恨繁霜鬓④，潦倒新停浊酒杯。

注释

① 渚（zhǔ）：水中的小块陆地。

② 落木：落叶。

③ 作客：漂泊他乡。

④ 繁霜鬓：白了很多的鬓发。

拓展

登楼

［唐］杜　甫

花近高楼伤客心，万方多难此登临。

锦江春色来天地，玉垒浮云变古今。

北极朝廷终不改，西山寇盗莫相侵。

可怜后主还祠庙，日暮聊为梁甫吟。

清•陈枚《山水楼阁图册》

84　蜀相

[唐] 杜　甫

诸葛亮为蜀汉两朝尽心竭力，鞠躬尽瘁，然事业未竟，令人扼腕。此诗将名垂千古的诸葛亮展现在我们面前。杜甫堪称诸葛亮的异代知音，此诗与《八阵图》《咏怀古迹五首·其五》等诗，高度颂扬了诸葛亮的将略才能与忠君思想，可以说杜甫是以儒家思想对诸葛亮进行了形象塑造。

丞相祠堂何处寻？锦官城①外柏森森。

映阶碧草自春色，隔叶黄鹂空好音。

三顾频烦②天下计，两朝③开济老臣心。

出师未捷身先死，长使英雄泪满襟。

注释

① 锦官城：成都的别称。

② 频烦：多次。

③ 两朝：蜀汉刘备、刘禅父子两朝。

拓展

清·爱新觉罗·弘历《唐宋诗醇》："老杜入蜀，于孔明三致意焉，其志有在也。诗意豪迈哀顿，具有无数层折，后来匹此，惟李商隐《筹笔驿》耳。世人论此二诗，互有短长，或不置轩轾，其实非有定见。今略而言之，此为谒祠之作，前半用笔甚淡，五六写出孔明身份，七、八转折而下，当时后世，悲感并到，正意注重后半。李诗因地兴感，故将孔明威灵撮入十四字中，写得十分满足，接笔一转，几将气焰扫尽，五、六两层折笔，末仍收归本事，非有神力者不能。二诗局阵各异，工力悉敌，悠悠耳食之论，未足与议也。"

清·王宸《山水册页》

85 喜外弟①卢纶见宿②

［唐］司空曙

　　静夜的荒村，雨中的黄叶树，灯下的白发人，画面何其凄凉。然而此时至亲又是知心好友来访，悲凉之中自有一份喜悦，一份慰藉。这样悲中有喜，喜中有悲，令人嘘唏。

静夜四无邻，荒居旧业贫。

雨中黄叶树，灯下白头人。

以我独沉③久，愧君相见频。

平生自有分④，况是蔡家亲⑤。

注 释

① 外弟：表弟。

② 见宿：留下住宿。

③ 沉：沉沦。

④ 分（fèn）：缘分，情谊。

⑤ 蔡家亲：因羊祜是蔡邕的外孙，因此后人称表亲为蔡家亲。

拓 展

　　司空曙（720—790），字文初（《唐才子传》作文明，此从《新唐书》），广平（今河北省邯郸市永年区）人。他是大历十才子之一，同时期作家有卢纶、吉中孚、韩翃等。代表作品有《江村即事》《贼平后送人北归》等。

147

清·王鉴《仿宋元山水图册》

86　山石

［唐］韩　愈

　　真正的好诗，将世间万物都作为自身情怀的投射。真正上乘的诗歌，都是把人类共通的情感和宇宙万物联系起来，让时间凝固成一瞬间，散发出巨大的情感张力，让人看了能够共情，甚至能够引发对人生际遇的感慨。

山石荦确①行径微，黄昏到寺蝙蝠飞。

升堂坐阶新雨足，芭蕉叶大栀子肥。

僧言古壁佛画好，以火来照所见稀。

铺床拂席置羹饭，疏粝②亦足饱我饥③。

夜深静卧百虫绝，清月出岭光入扉。

天明独去无道路，出入高下穷烟霏④。

山红涧⑤碧纷⑥烂漫，时见松枥⑦皆十围⑧。

当流赤足踏涧石⑨，水声激激风吹衣。

人生如此自可乐，岂必局束为人靰⑩？

嗟哉吾党二三子⑪，安得至老不更归。

注 释

① 荦(luò)确(què)：指山石险峻不平的样子。

② 疏粝(lì)：糙米饭。这里是指简单的饭食。

③ 饱我饥：给我充饥。

④ 穷烟霏：空尽云雾，即走遍了云遮雾绕的山径。

⑤ 山红涧：即山花红艳、涧水清碧。

⑥ 纷：繁盛。

⑦ 枥(lì)：同"栎"，落叶乔木。

⑧ 十围：形容树干非常粗大。两手合抱一周称一围。

⑨ 赤足踏涧石：是说对着流水就打起赤脚，踏着涧中石头蹚水而过。

⑩ 靰(jī)：马的缰绳。这里作动词用，即牢笼，控制的意思。

⑪ 吾党二三子：指和自己志趣相合的几个朋友。

拓 展

　　韩愈（768—824），字退之，河南河阳（今河南省孟州市）人，自称"祖籍昌黎郡"，世称"韩昌黎""昌黎先生"。唐代文学家、思想家、政治家，秘书郎韩仲卿之子。唐宪宗元和十二年（817），出任宰相裴度行军司马，从平"淮西之乱"。因直言谏迎佛骨，贬为潮州刺史。宦海沉浮，累迁吏部侍郎，人称"韩吏部"。唐穆宗长庆四年（824），韩愈病逝，年57，追赠礼部尚书，谥号"文"，故称"韩文公"。宋神宗元丰元年（1078），追封昌黎郡伯，并从祀孔庙。韩愈作为唐代古文运动的倡导者，名列"唐宋八大家"之首，有"文章巨公"和"百代文宗"之名。与柳宗元并称"韩柳"，与柳宗元、欧阳修和苏轼并称"千古文章四大家"。倡导"文道合一""气盛言宜""务去陈言""文从字顺"等写作理论，对后人具有指导意义。著有《韩昌黎集》等。

清·王翚《仿古山水册》

87　乌衣巷

[唐] 刘禹锡

　　曾经的朱雀桥、乌衣巷，到处游船画舫，车水马龙。桑海几经之后，只剩下了野草闲花在夕阳中摇曳。春天来了，燕子在茅檐白屋中营巢，谁曾想到，它们可能是当年王谢堂前的栖息者。

朱雀桥①边野草花，乌衣巷口夕阳斜。
旧时王谢②堂前燕，飞入寻常百姓家。

注释

① 朱雀桥：在金陵城外，乌衣巷在桥边。 在今南京市东南。
② 王谢：指琅琊王氏和陈郡谢氏两个世家大族，其贤才众多。

拓展

　　刘禹锡（772—842），字梦得，唐代彭城（今江苏省徐州市）人。曾任监察御史，是王叔文政治改革集团的一员。唐代中晚期著名诗人，有"诗豪"之称。

春词

[唐] 刘禹锡

新妆宜面下朱楼，深锁春光一院愁。
行到中庭数花朵，蜻蜓飞上玉搔头。

清·陈枚《山水楼阁图册》

88 登柳州城楼寄漳汀封连四州

［唐］柳宗元

　　唐顺宗永贞元年（805），朝廷任用王叔文、柳宗元等进行"永贞革新"，但仅五个月便被保守派镇压。柳宗元、刘禹锡等八人被降为偏远地区的司马，这就是"二王八司马"事件。十年后，刘、柳等人进京后又被贬到更荒僻的柳州、漳州、汀州、封州、连州为刺史。这首诗就是柳宗元柳州上任后寄予其他四人的一首七律。

城上高楼接大荒①，海天愁思正茫茫。
惊风乱飐②芙蓉水，密雨斜侵薜荔③墙。
岭树重遮千里目，江流曲似九回肠。
共来百越文身地，犹自音书滞④一乡。

注　释

① 大荒：指荒僻的边远地区。
② 飐（zhǎn）：吹动。
③ 薜（bì）荔（lì）：一种蔓生的植物，又称木莲。
④ 滞：阻隔。

拓　展

　　明·廖文炳《唐诗鼓吹注解》："此子厚登城楼怀四人而作，首言登楼远望，海阔连天，愁思与之弥漫，不可纪极也。三四句唯'惊风'，故云'乱飐'，唯'细雨'，故云'斜侵'，有风雨萧条，触物兴怀意。至'岭树重遮''江流曲转'，益重相思之感矣。当时'共来百越'，意谓易于相见，今反音问疏隔，将何以慰所思哉？"

清·樊圻《山水册页》

89　题金陵渡①

[唐] 张　祜

落潮的夜江浸在斜月的光照里，在昏暗广漠的背景上，忽见远处有几点星火闪烁，诗人不由脱口而出"两三星火是瓜洲"，将远景一点染，一幅美妙的夜江图便俨然欲出了。

金陵津渡小山楼②，一宿行人自可愁。
潮落夜江斜月③里，两三星火④是瓜洲⑤。

注　释

① 金陵渡：渡口名，在今江苏省镇江市附近。

② 小山楼：渡口附近小楼。

③ 斜月：下半夜偏西的月亮。

④ 星火：形容远处三三两两像星星一样闪烁的火光。

⑤ 瓜洲：在长江北岸，属江苏省扬州市，与镇江市隔江相对，向来是长江南北水运的交通要冲。

拓　展

张祜(hù)(约785—849)，字承吉，清河人。家世显赫，人称张公子，有"海内名士"之誉。张祜曾写下"故国三千里，深宫二十年"(《宫词》)这一广为传诵的诗句，并因此得名。《全唐诗》收录其诗349首。

桃花溪
[唐] 张　旭

隐隐飞桥隔野烟，石矶西畔问渔船。
桃花尽日随流水，洞在清溪何处边。

清·袁耀《扬州四景·平流涌瀑》

90 南园^①十三首（其五）

[唐] 李 贺

即使把诗人的从军志愿认真看待，其中也缺少了那种顾盼生风的豪气，与初唐、盛唐文人从军的表白相比，情味已大不相同。初唐杨炯的《从军行》"宁为百夫长，胜作一书生"慷慨激越，出于至诚。李白的《侠客行》"谁能书阁下，白首《太玄经》"调侃书生，豪气逼人。本诗虽然也慨叹书生无用，却带有衰飒之气，实际已没有投笔从戎的雄心，只剩下功业难成的愤懑。

男儿何不带吴钩^②，收取关山五十州^③。
请君暂上凌烟阁^④，若个书生万户侯？

注 释

① 南园：泛指作者昌谷故居以南一大片田畴平地。
② 吴钩：一种头部呈弯钩状的佩刀。
③ 五十州：指当时被藩镇所占领割据的山东、河南、河北 50 余州郡。
④ 凌烟阁：唐代旌表功臣的殿阁。

拓 展

李贺（约 790—约 817），字长吉，河南福昌（今属河南省宜阳县）人，因家居福昌昌谷，后世称李昌谷，是唐宗室郑王李亮后裔。有"诗鬼"之称，著有《昌谷集》。

清·王翚《红林秋霁图》

91　雁门太守行

[唐] 李 贺

　　一首短短的歌行,李贺用自己"语不惊人死不休"的浓艳辞藻,硬生生在以往肃穆悲壮的战争诗篇里撕开了一个口子,让想来都是悲鸣、寒风、灰白色调的诗歌中的战场多了一抹别样的色彩。

黑云压城城欲摧,甲光向日金鳞①开。
角声满天秋色里,塞上燕脂②凝夜紫。
半卷红旗临易水③,霜重鼓寒声不起④。
报君黄金台⑤上意⑥,提携玉龙⑦为君⑧死。

注 释

　　① 金鳞:是说像金色的鱼鳞。形容敌军兵临城下的紧张气氛和危急形势。

　　② 燕脂:即胭脂,这里指暮色中塞上泥土有如胭脂凝成。

　　③ 易水:河名,大清河上源支流,源出今河北省易县,向东南流入大清河。易水距塞上尚远,此借荆轲故事以言悲壮之意。

　　④ 霜重鼓寒声不起:此句一作"霜重鼓寒声不起"。霜重鼓寒,天寒霜降,战鼓声沉闷而不响亮。声不起,形容鼓声低沉;不响亮。

　　⑤ 黄金台:故址在今河北省易县东南,相传为战国燕昭王所筑。

　　⑥ 意:信任,重用。

　　⑦ 玉龙:宝剑的代称。

　　⑧ 君:君王。

拓 展

　　清·王琦《李长吉歌诗汇解》:"此篇盖咏中夜出兵,乘间捣敌之事。'黑云压城城欲摧',甚言寒云浓密,至云开处逗露月光与甲光相射,有似金鳞。此言初出兵时,语气甚雄壮。'角声满天',写军中之所闻;'塞上燕脂',写军中之所见。'半卷红旗',见轻兵夜进之捷;'霜重鼓寒',冒寒将战之景。末复设为誓死之词,以答君上恩礼之隆,所以明封疆臣子之志也。"

清·王翚《仿古山水册》

92　鹊踏枝

［南唐］冯延巳

　　《鹊踏枝》是南唐词人冯延巳的代表作。读此词,我们会感到一种感情的细微、敏锐、深切。它不借助于辞藻的渲染,而是在心灵最细微的颤动中去发现、去捕捉,然后千回百折地道出,因而能深深潜入读者的心底。

　　谁道闲情抛掷久？每到春来,惆怅还依旧。日日花前常病酒①,敢辞②镜里朱颜③瘦。

　　河畔青芜堤上柳,为问新愁,何事年年有？独立小桥风满袖,平林④新月人归后。

注　释

　　① 病酒:饮酒过量引起身体不适。

　　② 敢辞:不避,不怕。

　　③ 朱颜:这里指红润的脸色。

　　④ 平林:平原上的树林。李白《菩萨蛮》:"平林漠漠烟如织。"

拓　展

　　冯延巳(903—960),又名延嗣,字正中,五代广陵(今江苏省扬州市)人。他的词作文人气息浓厚,对北宋初期的诗人影响较大。

　　在中国的词史之中,冯延巳是一个承前启后的人物。他继承着五代伤春怨别的传统,但他的词作意境却"堂庑特大"。他的词不再是没有个性的美丽的歌词,也不再是像韦庄那样只写感情事件的抒情诗,而是营造出深沉的情感意境。在冯延巳影响之下,北宋初年的晏殊、欧阳修、范仲淹等词人,以他们的学问和怀抱,拓宽了描写爱情的境界。

清·王翚《仿古山水册》

93　浣溪沙

[南唐] 李　璟

"丁香空结雨中愁""还与韶光共憔悴"，是家国的日渐颓败，还是那些不堪回首的过往，让南唐中主李璟怀抱着秋愁春恨，含泪倚栏？在他的词中，我们读不到君主的豪情，只有文人浪漫的气息，如丁香花般善感多愁。

菡萏①香销翠叶残，西风愁起绿波间。还与韶光②共憔悴，不堪看。
细雨梦回鸡塞③远，小楼吹彻玉笙寒④。多少泪珠何限恨，倚阑干。

注释

① 菡(hàn)萏(dàn)：荷花的别称。
② 韶光：美好的时光，多指美丽的春光。
③ 鸡塞：亦作鸡禄山。这里泛指边塞。
④ 玉笙寒：玉笙以铜质簧片发声，遇冷则音声不畅，需要加热，叫暖笙。

拓展

李璟（916—961），五代十国时期南唐第二位皇帝，943年嗣位，史称南唐中主。即位后开始大规模对外用兵，消灭楚、闽二国。他在位时，南唐疆土最大。不过李璟奢侈无度，导致政治腐败，国力下降。李璟好读书，多才艺，常与宠臣韩熙载、冯延巳等饮宴赋诗。他的词，感情真挚，风格清新，语言不事雕琢，"小楼吹彻玉笙寒"是流芳千古的名句。其诗词被录入《南唐二主词》。

清·陈枚《山水楼阁图册》

94　虞美人①

［南唐］李　煜

"词至后主,而眼界始大、感慨遂深",王国维先生的评价,可作定论。李后主词,发自他个人国破家亡的经历,却说出了最普遍最本真的生命体验。

春花秋月何时了,往事知多少?小楼昨夜又东风,故国②不堪回首月明中。

雕栏玉砌应犹在,只是朱颜改③。问君能有几多愁?恰似一江春水向东流。

注　释

①　虞美人:原为唐教坊曲,后用为词牌名。此调初咏项羽宠姬虞美人死后地下开出一朵鲜花,因以为名。又名"一江春水""玉壶水""巫山十二峰"等。

②　故国:指南唐故都金陵(今南京)。

③　朱颜改:指所怀念的人已衰老。朱颜,红颜,少女的代称,这里指南唐旧日的宫女。

拓　展

李煜(937—978),字重光,号钟隐,南唐后主,李璟第六子。937至975年在位,国破降宋,后被宋太宗毒死。李煜虽然政治无能,但他的艺术才华却非同凡响。擅书法,善绘画,通韵律,在诗词散文方面均有一定造诣,尤其是词成就最高,被誉为"千古词帝",对后世影响深远。其词主要收集在《南唐二主词》中。

95 明妃曲（其一）

[宋] 王安石

明妃即王昭君，昭君出塞的境遇引发了历代诗人的吟咏。李白发出"一上玉关道，天涯去不归"的叹息；杜甫吟出"千载琵琶作胡语，分明怨恨曲中论"的叹惋；王安石则借此说出"汉恩自浅胡恩深，人生乐在相知心"的惊世之论；欧阳修的和诗则作出"耳目所及尚如此，万里安能制夷狄"的讽喻。下面的《明妃曲·其一》王安石又表达出怎样的情思呢？

明妃初出汉宫时，泪湿春风鬓角垂。

低徊①顾影无颜色，尚得君王不自持。

归来却怪丹青手，入眼平生几曾有；

意态由来画不成，当时枉杀毛延寿。

一去心知更不归，可怜着尽汉宫衣；

寄声欲问塞南②事，只有年年鸿雁飞。

家人万里传消息，好在毡城莫相忆；

君不见咫尺③长门闭阿娇，人生失意无南北。

注释

① 低徊（huái）：徘徊不前。

② 塞（sài）南：指汉王朝。

③ 咫（zhǐ）尺：极言其近。

拓展

王安石（1021—1086），字介甫，号半山，抚州临川人，谥文，封荆国公。北宋政治家、思想家、文学家、改革家，唐宋八大家之一。欧阳修称赞王安石："翰林风月三千首，吏部文章二百年。老去自怜心尚在，后来谁与子争先。"其文简明峻切，逻辑严密，充分体现了"文章合为时而著"的宗旨。其诗得杜诗瘦硬一体，含蓄深婉，号"荆公体"。其词瘦削雅素，境界深远，有《临川集》传世。

　　初，（汉）元帝时，（王昭君）以良家子选入掖庭。时，呼韩邪来朝，帝敕以宫女五人赐之。昭君入宫数岁，不得见御，积悲怨，乃请掖庭令求行。呼韩邪临辞大会，帝召五女以示之。昭君丰容靓饰，光明汉宫，顾景裴回，竦动左右。帝见大惊，意欲留之，而难于失信，遂与匈奴。生二子。及呼韩邪死，其前阏氏子代立，欲妻之，昭君上书求归，成帝敕令从胡俗，遂复为后单于阏氏焉。

——南朝宋·范晔《后汉书·南匈奴传》

清·王翚《仿古山水册》

96 暑旱苦热

[宋] 王 令

炎炎酷暑到了，每个人都为此痛苦不堪，希望能寻找到避暑胜地。独乐乐，不如众乐乐。在天下人没有解决暑热之前，诗人也绝不会一人独享清凉。诗人通过怎样奇特的描写，表现悲天悯人的情怀呢？

清风无力屠①得热，落日着翅②飞上山。

人固已惧江海竭，天岂不惜河汉干？

昆仑之高有积雪，蓬莱之远常遗③寒。

不能手提天下往，何忍身去游其间？

注 释

① 屠(tú)：屠杀。这里意为止住，驱除。

② 着翅：装上翅膀。这里形容太阳腾空，久久不肯下山。

③ 遗：留存。

拓 展

王令（1032—1059），字钟美，原籍元城（今属河北省大名县），后居广陵（今江苏省扬州市），世称王广陵。著有《广陵先生文章》《十七史蒙术》等。

宋·佚名《荷亭消夏图》

97　登快阁

[宋] 黄庭坚

翁方纲评黄庭坚诗云："坡公之外又出此一种绝高之风骨，绝大之境界，造化元气发泄透矣。"细吟此诗，当知无愧。

痴儿了却公家事，快阁东西倚①晚晴。
落木②千山天远大，澄江③一道月分明。
朱弦④已为佳人绝，青眼⑤聊因美酒横。
万里归船弄长笛，此心吾与白鸥盟。

注释

① 倚：倚靠。

② 落木：落叶。

③ 澄江：指赣江。澄，澄澈，清澈。

④ 朱弦：这里指琴。

⑤ 青眼：指对人喜爱或器重。传说，阮籍能作"青白眼"：两眼正视，露出虹膜，则为"青眼"，以看他尊敬的人；两眼斜视，露出眼白，则为"白眼"，以看他不喜欢的人。据说，阮籍母亲死时，其好友嵇康来慰问，阮籍给的就是"青眼"；而阮籍看不顺眼的嵇康的哥哥嵇喜来吊唁时，阮籍给的就是"白眼"。"青眼"便出于此。

拓展

黄庭坚（1045—1105），字鲁直，号山谷道人，晚号涪翁，洪州分宁（今江西省修水县）人。北宋著名文学家、书法家，为盛极一时的江西诗派开山之祖，与杜甫、陈师道和陈与义素有"一祖三宗"（黄庭坚为其中一宗）之称。与张耒、晁补之、秦观游学于苏轼门下，合称"苏门四学士"。其诗与苏轼齐名，世称"苏黄"。其词与秦观并称"黄七秦九"，著有《山谷词》。其书法亦能独树一帜，为"宋四家"（苏黄米蔡）之一。

清·程邃《垢道人幽居图》

98　题郑防画夹五首（其一）

［宋］黄庭坚

　　苏轼的题画诗《惠崇〈春江晚景〉》脍炙人口，其中"春江水暖鸭先知"饶有理趣，具有画外之致。黄庭坚在观赏惠崇《烟雨归雁图》后也欣然写下一首题画诗，而且是一首较为罕见的六言诗，别有一种节奏感。

　　惠崇①烟雨归雁，坐我潇湘②洞庭。
　　欲唤扁舟归去，故人言是丹青。

注　释

　　① 惠崇（965—1017）：北宋僧人，能诗善画。惠崇的山水、花鸟饶有诗意，才格外引起诗人品题的兴味。王安石、苏轼等诗人都有诗题咏。

　　② 潇湘：潇，指湖南省境内的潇水河；湘，指的是横贯湖南的湘江。潇湘一词，最早见于《山海经》："澧沅之风，交潇湘之渊。"唐代中期，"潇湘"不单指潇水河和湘江，而是被诗人们衍化为地域名称，多代指湖南。

拓　展

题郑防画夹五首（其二）
［宋］黄庭坚

　　能作山川远势，
　　白头唯有郭熙。
　　却写李成骤雨，
　　惜无六幅鹅溪。

五代·董源《潇湘图》

99　岳鄂王墓①

［元］赵孟頫

　　离离墓草染荒凉,石兽耸立添悲思。英雄抱屈而亡,君臣苟安误国。满怀愁苦无处诉说,临湖而歌,似乎连山水也在抚今怜昔,流露出无尽的泪光愁色。陶宗仪称赞说:"岳王墓诗不下数十百篇,其脍炙人口者,莫如赵魏公作。"

　　　　鄂王坟上草离离②,秋日荒凉石兽危③。
　　　　南渡君臣④轻社稷⑤,中原父老望旌旗⑥。
　　　　英雄已死嗟何及⑦,天下中分遂不支⑧。
　　　　莫向西湖歌此曲,水光山色不胜悲。

注 释

①　岳鄂王墓:即岳飞墓。宋宁宗嘉泰四年(1204),岳飞被追封为鄂王。

②　离离:野草茂盛的样子。

③　石兽危:石兽高耸屹立。

④　南渡君臣:以宋高宗赵构为代表的统治集团。北宋灭亡后,高宗渡过长江,迁于南方,建都临安(今浙江省杭州市),史称南渡。

⑤　社稷:指国家。社,土地神。稷,谷神。

⑥　望旌旗:意为盼望南宋大军到来。旌旗,指军队。

⑦　嗟何及:后悔叹息已经来不及。

⑧　天下中分遂不支:国家被分割为南北两半,而南宋的半壁江山也难以支撑,走向灭亡。

拓 展

　　赵孟頫(fǔ)(1254—1322),字子昂,号松雪道人,谥号"文敏",故世称"赵文敏",吴兴(今属浙江省湖州市)人,宋太祖赵匡胤十一世孙。曾于南宋末年任真州司户参军,宋亡后隐居不仕。元世祖至元二十三年(1286),赵孟頫经举荐,赶赴大都,受元世祖赏识,授兵部郎中。此后历任集贤直学士、翰林侍读学士。赵孟頫博学多才,能诗善文。在绘画上,开创元代画风,被称为"元人冠冕"。其书风遒媚秀逸、笔法圆熟,后世称"赵体",与欧阳询、颜真卿、柳公权并称"楷书四大家"。著有《松雪斋文集》等。

100　桃花庵歌

［明］唐　寅

有人喜欢兰的优雅，莲的高洁，有人喜欢竹的挺拔，梅的高格，而诗人唯独喜欢开得张扬艳丽的桃花。与花为邻，以酒为友，醉卧桃花树下，洒脱风流，快活似神仙。什么富贵名利，什么车尘马足，都不如做一个无拘无束的桃花仙人来得悠闲自在。

桃花坞①里桃花庵②，桃花庵里桃花仙。

桃花仙人种桃树，又摘桃花换酒钱③。

酒醒只来④花前坐，酒醉还来⑤花下眠。

半醒半醉⑥日复日，花落花开⑦年复年。

但愿老死花酒间，不愿鞠躬车马前⑧。

车尘马足贵者趣，酒盏花枝贫贱⑨缘。

若将富贵比贫者⑩，一在平地一在天。

若将花酒⑪比车马，他得驱驰我得闲。

别人⑫笑我太疯癫，我笑他人⑬看不穿。

不见五陵豪杰墓，无花无酒锄做田。

注释

① 桃花坞（wù）：位于苏州金阊门外。北宋时章粢父子在此建成别墅，后渐废为蔬圃。

② 桃花庵：唐寅在桃花坞建屋，名为桃花庵。

③ 又摘桃花换酒钱：拓本诗幅作"又折花枝当酒钱"。

④ 只来：拓本诗幅作"只在"。

⑤ 还来：拓本诗幅作"还须"。

⑥ 半醒半醉：拓本诗幅作"花前花后"。

⑦ 花落花开：拓本诗幅作"酒醉酒醒"。

⑧ 但愿老死花酒间，不愿鞠躬车马前：拓本诗幅作"不愿鞠躬车马前，但愿老死花酒间"。车马，代指高官权贵。

⑨ 贫贱：拓本诗幅等作"贫者"。

⑩ 贫者：拓本诗幅作"贫贱"。

⑪ 花酒：《六如居士全集·卷一》作"贫贱"。

⑫ 别人：拓本诗幅作"世人"。

⑬ 他人：拓本诗幅作"世人"。

拓 展

　　唐寅（1470—1524），字伯虎，又改字子畏，号六如居士，苏州吴县（今江苏省苏州市市区）人，明代画家、书法家、诗人。周道振、张月尊编撰的《唐伯虎年表》记载："弘治十八年乙丑，三月，桃花坞小圃桃花盛开，作《桃花庵歌》。"此诗写于弘治十八年（1505）。这一年，离唐寅科场遭诬仅六年。唐寅曾中过解元，后来因科场舞弊案牵连，功名被革，经历一系列变故后，看穿了功名富贵的虚无，认为以牺牲自由为代价换取的功名富贵不能长久，于是决定不再步入官场，靠卖画度日，过着以花为朋、以酒为友的闲适生活。

清·王翚　王时敏《仿古山水 桃花春水》

101　题葡萄图

［明］徐　渭

明珠覆土无人识，壮志未酬身已老。一如无人问津的葡萄图，诗人半生颠沛流离，他满腔的悲愤又何处安放呢？

半生落魄已成翁，独立书斋啸晚风。

笔底明珠无处卖，闲抛闲掷野藤中。

拓展

徐渭（1521—1593），初字文清，后改字文长，号青藤老人、青藤道士等，浙江绍兴府山阴（今属浙江省绍兴市）人。明代中期文学家、书画家、戏曲家、军事家。20岁中秀才，后八次乡试，始终也未能中举。徐渭一生可谓颠沛流离，跌宕起伏，曾在发狂之下自杀九次却不死，晚年贫病交加，藏书数千卷也被变卖殆尽，生活困苦。其好友袁宏道在《徐长文》传中说道："文长吾老友，病奇于人，人奇于诗，诗奇于字，字奇于文，文奇于画。"

清·恽寿平《花卉图册之三·棠花》

102 西湖八绝句（其一）

［明］柳如是

寒食节，诗人走在西泠路上，灼灼桃花，艳丽无比。"桃花得气美人中"，是桃花得美人之气，愈发艳丽，还是美人得桃花之气，更显娇媚？抑或是人面桃花相映生辉？究竟是怎样的美人，敢与春日里最娇媚的桃花比美？

垂杨小院绣帘东，莺阁残枝未思逢。
大抵西泠①寒食路，桃花得气美人中。

注 释

① 西泠(líng)：桥名，亦称"西陵桥""西林桥"。

拓 展

柳如是(1618—1664)，本名杨爱，后改名柳隐，字如是，又称河东君，浙江嘉兴人，丈夫为明清侍郎钱谦益。柳如是是活动于明清之际的著名歌妓才女，自幼聪慧好学，由于家贫，被掠卖到吴江为婢。她留下了不少值得传颂的轶事佳话和颇有文采的诗稿《湖上草》《戊寅草》与尺牍。

清·杨晋《仿古山水》

103 青玉案①

[宋]贺 铸

凌波微步，罗袜生尘的女子，从眼前走过，怕只有春风知道她的去处吧。似烟如雾的青草，满城飘转的柳絮，梅子黄时的细雨，缥缥缈缈捉摸不定，又有谁懂词人的惆怅……

凌波②不过横塘路，但目送、芳尘去。锦瑟华年谁与度？月桥花院，琐窗③朱户④，只有春知处。

飞云冉冉蘅皋⑤暮，彩笔新题断肠句。试问闲情都几许？一川烟草，满城风絮，梅子黄时雨。

注 释

① 青玉案：词牌名。
② 凌波：形容女子步态轻盈。
③ 琐窗：雕绘连环形花纹的窗子。
④ 朱户：朱红的大门。
⑤ 蘅（héng）皋（gāo）：长着香草的沼泽中的高地。

拓 展

贺铸（1052—1125），字方回，号庆湖遗老，卫州共城（今河南省辉县市）人。贺铸长身耸目，面色铁青，人称贺鬼头，曾任右班殿直，元祐中曾任泗州、太平州通判。晚年退居苏州，杜门校书。不附权贵，喜论天下事。能诗文，尤长于词。其词内容丰富，用韵精严，语言清丽，意境高旷。

104　苏幕遮

[宋]周邦彦

故乡是起点，也是终点，身在长安，独酌一杯浊酒，不知归期。望着晨风中的荷叶，忆起家中的好友，不知梦中的那一叶小舟，是否还载得动我思乡的愁？

燎^①沉香，消溽暑^②。鸟雀呼晴，侵晓^③窥檐语。叶上初阳干宿雨，水面清圆，一一风荷举。

故乡遥，何日去？家住吴门，久作长安旅。五月渔郎相忆否？小楫^④轻舟，梦入芙蓉浦。

注释

① 燎（liáo）：烧。
② 溽（rù）暑：潮湿的暑气。溽，湿润，潮湿。
③ 侵晓：快天亮的时候。侵，渐近。
④ 楫（jí）：划船用具，短桨。

拓展

周邦彦（1056—1121），字美成，号清真居士，钱塘（今属浙江省杭州市）人。北宋著名词人，官历太学正、庐州教授、知溧水县等。喜读书，通音律。作品格律谨严，语言曲丽精雅，长调尤善铺叙，为后来格律词派词人所宗，作品在婉约词人中长期被尊为正宗。今存作品《片玉集》。

明·汪中《得趣在人册》

105 满江红·写怀

［宋］岳　飞

清代陈廷焯在《白雨斋词话》中曾称颂岳飞的《满江红》为"千古箴铭"。读这首《满江红》，我们既要体会岳飞对国家统一的热切期盼，对江山社稷的赤胆忠心，也要学习他惜时如金的自我鞭励以及时不我待的强烈使命感。

怒发冲冠①，凭栏处、潇潇②雨歇。抬望眼，仰天长啸，壮怀激烈。三十功名尘与土，八千里路云和月。莫等闲③，白了少年头，空悲切！

靖康耻，犹未雪。臣子恨，何时灭！驾长车，踏破贺兰山缺。壮志饥餐胡虏肉，笑谈渴饮匈奴血。待从头、收拾旧山河，朝天阙④。

注 释

① 怒发冲冠：气得头发竖起，以至于将帽子顶起，形容愤怒至极。
② 潇潇：形容雨势急骤。
③ 等闲：轻易，随便。
④ 天阙：本指宫殿前的楼观，此指皇帝生活的地方。

拓 展

岳飞（1103—1142），字鹏举，相州汤阴（今属河南省）人。著名的军事家、战略家，位列南宋中兴四将之首。岳飞主张收复失地，因不附和议，被秦桧害死。岳飞的文学才华也是将帅中少有的，词作《满江红》是千古传诵的爱国名篇。

清末·于非闇《红梅鹦鹉图》

106 青玉案·元夕

［宋］辛弃疾

东风还未催开百花,却催得一树银花,满天烟火,灯月交辉。如此满目繁华,只为众里寻她,笑语一瞥,暗香一脉,回首幽独人,只在阑珊处。

东风夜放花千树,更吹落、星如雨。宝马雕车香满路。凤箫①声动,玉壶光转,一夜鱼龙舞。

蛾儿雪柳黄金缕,笑语盈盈暗香去。众里寻他②千百度,蓦然回首,那人却在,灯火阑珊③处。

注 释

① 凤箫:指笙、箫等乐器演奏。
② 他:泛指第三人称,古时就包括"她"。
③ 阑珊:暗淡。

拓 展

正月十五夜

［唐］苏味道

火树银花合,星桥铁锁开。
暗尘随马去,明月逐人来。
游伎皆秾李,行歌尽落梅。
金吾不禁夜,玉漏莫相催。

清·恽寿平《腻粉嫣红》

107　点绛唇·丁未冬过吴松作

[宋] 姜　夔

上片写景，词人俯仰天地，燕雁随云，但数峰苦雨；下片抒怀，词人俯仰今古，天随已去，唯残柳飞舞。

燕雁无心[①]，太湖西畔随云去。数峰清苦。商略黄昏雨。

第四桥[②]边，拟共天随[③]住。今何许。凭阑怀古。残柳参差舞。

注释

① 燕(yān)雁无心：羡慕飞鸟的无忧无虑，自由自在。燕雁，指北方幽燕一带的鸿雁。

② 第四桥：即"吴江城外之甘泉桥"（郑文焯《绝妙好词校录》），"以泉品居第四"故名（乾隆《苏州府志》）。

③ 天随：天随子，指唐代诗人陆龟蒙（？—约881），曾隐居太湖。

拓展

姜夔(kuí)（1154—1221），字尧章，号白石道人，饶州鄱阳（今属江西省）人，南宋文学家、音乐家。精通音律，曾著《琴瑟考古图》。其对诗词、散文、书法、音乐，无不精善，是继苏轼之后又一难得的艺术全才。有《白石道人诗集》《白石道人歌曲》等传世。

清·钱维城《山水花鸟册》

108 摸鱼儿①·雁丘词

[金]元好问

问世间,情为何物,直教生死相许?年仅 16 岁的元好问在汾水岸边为殉情而死的双雁筑雁丘,并写下《摸鱼儿·雁丘词》来纪念这段生死相许的爱情。世间生命皆有真情,你我需共读。

乙丑岁②赴试③并州④,道逢⑤捕雁者云:"今旦获一雁,杀之矣。其脱网者悲鸣不能去,竟自投于地而死。"予因买得之,葬之汾水⑥之上,垒石为识⑦,号曰"雁丘⑧"。同行者多为赋诗,予亦有《雁丘词》。旧所作无宫商,今改定之。

问世间,情是何物,直教⑨生死相许?天南地北双飞客⑩,老翅几回寒暑。欢乐趣,离别苦,就中⑪更有痴儿女。君应有语:渺万里层云,千山暮雪,只影向谁去?

横汾路,寂寞当年箫鼓,荒烟⑫依旧平楚⑬。招魂楚些何嗟及,山鬼暗啼风雨。天也妒⑭,未信⑮与,莺儿燕子俱黄土。千秋万古,为留待骚人⑯,狂歌痛饮,来访雁丘处。

注释

① 摸鱼儿:又名"摸鱼子""买陂塘""迈陂塘"等。唐教坊曲,后用为词牌名。

② 乙丑岁:金章宗泰和五年乙丑(1205),当时元好问 16 岁。

③ 赴试:赶考,前往应试。

④ 并(bīng)州:即今山西省太原市。

⑤ 道逢:路上遇到。

⑥ 汾水:即汾河,在山西省中部。

⑦ 垒石为识(zhì):堆石头以为标志。识,标志,记号。

⑧ 雁丘:殉情的大雁之坟墓,在今山西省阳曲县。

⑨ 直教:竟使。

⑩ 双飞客:指成双成对的大雁。

⑪ 就中:此中。

⑫ 荒烟：荒野的烟雾。

⑬ 平楚：平林，远树。

⑭ 天也妒：上天也妒忌大雁生死相随。

⑮ 未信：不相信。

⑯ 骚人：诗人，文人。

拓 展

元好问（1190—1257），字裕之，号遗山，太原秀容（今山西省忻州市）人。其祖先出自北魏拓跋氏，但父祖辈深受汉文化的影响，7岁就能写诗，20岁即名震京师。金宣宗兴定五年（1221）中进士，历任内乡令、南阳令至尚书省左司员外郎。金国灭亡后，曾被押送聊城羁管，后回故乡从事著述，终生不仕元朝。著有《遗山集》等。

清·八大山人《群雁鸣集图》

109　李逵负荆

[元]康进之

　　元杂剧《李逵负荆》是为人欣赏的"水浒戏"，歌颂了"替天行道救生民"的梁山义军。黑旋风李逵更是刻画得耐人寻味。他既鲁莽粗暴，又爱憎分明，这一点与《水浒传》中是一致的；而一个赏花酌酒，好像文人墨客的李逵，恐怕只能在此剧中看到吧。

　　【混江龙】可正是清明时候，却言风雨替花愁。和风渐起，暮雨初收。俺则见杨柳半藏沽酒①市，桃花深映钓鱼舟。更和这碧粼粼春水波纹绉，有往来社燕，远近沙鸥。

　　（云②）人道我梁山泊无有景致，俺打那厮的嘴。（唱）

　　【醉中天】俺这里雾锁着青山秀，烟罩定绿杨洲。（云）那桃树上一个黄莺儿，将那桃花瓣儿咱③阿咱阿，咱的下来，落在水中，是好看也。我也曾听的谁说来？我试想咱。哦！想起来了也。俺学究④哥哥道来，（唱）他道是轻薄桃花逐水流。（云）俺绰起这桃花瓣儿来，我试看咱，好红红的桃花瓣儿。（做笑科，云）你看我：好黑指头也！（唱）恰便是粉衬的这胭脂透。（云）可惜了你这瓣儿，俺放你趁那一般的瓣儿去。我与你赶，与你赶，贪赶桃花瓣儿。（唱）早来到这草桥店垂杨的渡口。（云）不中，则怕误了俺哥哥的将令，我索回去也。（唱）待不吃呵，又被这酒旗儿将我来相迤逗⑤，他、他、他，舞东风在曲律杆头。

　　（云）兀那⑥王林，有酒么？不则这般白吃你的，与你一抄碎金子，与你做酒钱。（王林做采泪科，云）要他那碎金子做甚么？（正末笑科，云）他口里说不要，可揣在怀里。老王将酒来。（王林云）有酒，有酒。（做筛酒科）（正末云）我吃这酒在肚里，则是翻也翻的。不吃，更待干罢。（唱）

　　【油葫芦】往常时酒债寻常行处有，十欠着九。（带云）老王也，（唱）则你这杏花庄压尽他谢家楼。你与我便熟油般造下春醅酒⑦，你与我花羔般煮下肥羊肉。一壁厢肉又熟，一壁厢酒正等。抵多少锦封未拆香先透，我则待乘兴饮两三瓯。

注释

① 沽酒：卖酒。

② 文中宋体字为李逵的唱词，小号仿宋体字括号内为戏剧情境提示语，如"云"后为演员的道白，"唱"后为演员的唱词，所谓"科"是剧中关于演员表情、动作或舞台效果的提示。"笑科"即演员做出笑的样子，"做筛酒科"就是演员做出筛酒的样子。括号外的仿宋字是演员的道白。

③ 啗：通"啖"，吃。

④ 学究：读书人的通称。亦指迂腐浅陋的读书人。这里指梁山泊军师吴用。

⑤ 迤（yǐ）逗（dòu）：挑逗，引诱。

⑥ 兀那：指示代词。犹那，那个。

⑦ 醅（pēi）酒：未滤去糟的酒。

拓展

康进之，棣州（治今山东省惠民县）人。生平事迹不详。史载康进之作杂剧两种，即《黑旋风老收心》与《李逵负荆》，如今只留下《李逵负荆》一剧，堪称元代水浒戏的代表作。此剧在当时十分流行，如贾仲明为其作的凌波仙悼词云："编《老收心》李黑厮，《负荆》是小斧头儿。行于世，写上纸，费骚人和曲填词。"

清·恽寿平《仿古山水册》

110　牡丹亭·游园（节选）

［明］汤显祖

　　繁花似锦的春天来了，万紫千红却与断井残垣相伴，无人来赏，这良辰美景空自流逝，韶光易逝。可有人与我一同看遍这春光？

　　【皂罗袍①】原来姹紫嫣红②开遍，似这般都付与断井颓垣③。良辰美景奈何天④，赏心乐事⑤谁家院！朝飞暮卷⑥，云霞翠轩⑦；雨丝风片，烟波画船⑧——锦屏人⑨忒⑩看的这韶光⑪贱！

注释

　　① 皂罗袍：曲牌名，过曲，亦常用作小令。

　　② 姹紫嫣红：形容花的鲜艳美丽。

　　③ 断井颓垣（yuán）：形容庭院的破旧冷落。

　　④ 奈何天：无可奈何的意思。

　　⑤ 赏心乐事：晋宋时期谢灵运《拟魏太子邺中集诗序》："天下良辰、美景、赏心、乐事，四者难并"，这两句用此句意。

　　⑥ 朝飞暮卷：形容楼阁巍峨，景色开阔。

　　⑦ 翠轩：华美的亭台楼阁。

　　⑧ 画船：装饰华美的游船。

　　⑨ 锦屏人：被阻隔在深闺中的人。

　　⑩ 忒：过于。

　　⑪ 韶光：大好春光。

拓展

西厢记（节选）
［元］王实甫

　　【正宫】【端正好】碧云天，黄花地，西风紧，北雁南飞。晓来谁染霜林醉？总是离人泪。

　　【滚绣球】恨相见得迟，怨归去得疾。柳丝长玉骢难系，恨不倩疏林挂住斜晖。马儿迍迍的行，车儿快快的随，却告了相思回避，破题儿又早别离。听得道一声"去也"，松了金钏；遥望见十里长亭，减了玉肌：此恨谁知？

111 长生殿·北中吕

[清] 洪 昇

　　慢品天高云淡，细数行雁南归，日渐短，夜渐长，秋风起，色斑斓。又是一年桂花香，无边细雨秋意长。

　　【北中吕】【粉蝶儿】天淡云闲，列长空数行新雁。御园中秋色斓斑。柳添黄，苹减绿，红莲脱瓣。一抹雕栏，喷清香桂花初绽。

拓 展

　　洪昇（1645—1704），字昉思，号稗畦，又号稗村、南屏樵者，钱塘（今属浙江省杭州市）人。清代戏曲家、诗人，与《桃花扇》作者孔尚任并称"南洪北孔"。今人辑有《洪昇集》。《长生殿》是其创作的传奇戏剧，共二卷。该剧定稿于清康熙二十七年（1688）。剧本虽然谴责了唐明皇的穷奢极侈，但同时又表现了对唐明皇和杨贵妃之间情感悲剧的惋惜，寄托了对美好爱情的向往。

清·恽寿平《花鸟草虫八开》

112 如梦令①

[清] 纳兰性德

《长相思》借"聒碎乡心梦不成"写征人孤寂凄清思家之苦,《如梦令》却以"归梦隔狼河,又被河声搅碎"来写他人醉梦酣甜与自己醒眼苦睁的对比。长夜辗转反侧,纳兰容若又思念什么呢?

万帐穹庐②人醉,星影摇摇欲坠,归梦隔狼河③,又被河声搅碎。还睡、还睡,解道醒来无味。

注释

① 如梦令:相传为后唐庄宗自制曲,因曲中有"如梦,如梦,残月落花烟重"句而得名。

② 穹庐:圆形的毡帐。

③ 狼河:白狼河,即今大凌河,在辽宁省西部。

拓展

纳兰性德(1655—1685),字容若,号楞伽山人,原名纳兰成德,一度因避讳太子保成(爱新觉罗·胤礽)而改名纳兰性德。满洲正黄旗人,清朝初年词人。纳兰性德自幼饱读诗书,文武兼修,十七岁入国子监。康熙十五年(1676)赐进士出身,授三等侍卫,多次随驾出巡。康熙二十四年(1685)五月,纳兰性德溘然而逝,年仅31岁。词以"真"取胜,写景逼真传神,词风清丽婉约、哀感顽艳、格高韵远、独具特色,著有《通志堂集》《侧帽集》《饮水词》等。

木兰花·拟古决绝词柬友

[清] 纳兰性德

人生若只如初见,何事秋风悲画扇。

等闲变却故人心,却道故人心易变。

骊山语罢清宵半,泪雨霖铃终不怨。

何如薄幸锦衣郎,比翼连枝当日愿。

清·王时敏《仿巨然山水》

113　报任安书（节选）

[汉] 司马迁

　　司马迁列举的这些古代卓绝之士，都是在困境中自勉自励而崛起的伟大人物。他们或者身处逆境，发愤著述；或者遭遇不公，励志图新。他们在身处逆境或遭遇不公的时候，非但没有丧失生活的勇气和信心，反而更加执着于自己的理想信念，忍辱负重，坚忍不拔，决不轻言放弃。因此，他们最终都能创造出卓越的成绩，在历史上留下光辉的一页。

　　古者富贵而名摩灭，不可胜记，唯倜傥①非常之人称焉。盖文王拘而演《周易》②；仲尼厄③而作《春秋》；屈原放逐，乃赋《离骚》④；左丘失明⑤，厥⑥有《国语》；孙子膑脚⑦，《兵法》修列⑧；不韦迁蜀⑨，世传《吕览》⑩；韩非⑪囚秦，《说难》《孤愤》；《诗》三百篇，大底圣贤发愤之所为作也。

注释

　　① 倜傥(tì tǎng)：卓越特出，才气豪迈。

　　② 拘而演《周易》：相传周文王被纣囚于羑里，曾根据伏羲的八卦推衍而成六十四卦，称为《周易》。拘，被囚。演，推演。

　　③ 厄：厄运，灾难。孔子周游列国，曾遭受围攻、绝粮等困境。因政治理想不能实现，才回到鲁国，开始编写《春秋》。

　　④ 屈原放逐，乃赋《离骚》：《离骚》是屈原的代表作。屈原因小人诬陷，被楚王疏远并流放后，作《离骚》以抒发自己痛苦的心情，表达自己高洁的人格。

　　⑤ 左丘：左丘明，春秋时鲁国史官，失明后著成《国语》。此事仅见于此文。

　　⑥ 厥：乃。句首语气词。

　　⑦ 孙子膑脚：孙子，即孙膑，生卒年不详，战国初军事家。他与庞涓俱学兵法。庞涓为魏惠王将军，自以为不及孙膑，召孙膑至魏，处以膑刑。膑脚，一种剔去膝盖骨，使人致残的酷刑。孙膑因此而得名。

　　⑧ 《兵法》修列：《兵法》，即《孙膑兵法》。

　　⑨ 不韦迁蜀：不韦，即吕不韦（前292—前235）。战国末年商人，后为秦相，尊为相国。以罪免职，被迁往蜀地，后忧惧自杀。

⑩《吕览》：即《吕氏春秋》。据《史记·吕不韦列传》记载,此书是吕不韦集合门客编撰而成。成书于吕不韦为秦丞相时。

⑪ 韩非(约前280—前233)：战国末思想家、法家代表人物。本为韩国公子,屡以书谏韩王变法图强,不见用,乃作《说难》《孤愤》等十余万言。书传到秦国,秦始皇极为欣赏,乃邀之入秦。后遭李斯忌才陷害,被囚入狱,自杀身死。《说难》《孤愤》乃韩非著作中的篇名。

译文

那些死后被人遗忘的古代富豪贵族数不胜数,唯有卓尔不群的人,才能留下好名声,为人所称道。如周文王入狱演《周易》,孔子被囚于陈蔡而编写了《春秋》,屈原被放逐写下《离骚》,左秋明失明编写《国语》,孙膑伤残写出了《孙膑兵法》,吕不韦迁谪蜀地而编撰《吕氏春秋》,韩非囚于秦国而作《说难》《孤愤》,《诗经》三百篇,大抵都是圣贤抒发胸中激愤写出来的作品。

拓展

《诗》可以兴,可以观,可以群,可以怨。

——《论语·阳货》

敬通雅好辞说,而坎壈盛世;《显志》自序亦蚌病成珠矣。

—— 南北朝·刘勰《文心雕龙·才略》

夫和平之音淡薄,而愁苦之声要眇,欢愉之辞难工,而穷苦之言易好也。

——唐·韩愈《荆潭唱和诗序》

文词不怨思抑扬,则流淡无味。

——宋·王微《与从弟僧绰书》

哀者毗于阴,故《离骚》孤沉而深往;乐者毗于阳,故《南华》奔放而飘飞。

——明·陈继儒《郭注庄子叙》

(以上材料摘录自钱锺书《诗可以怨》一文)

清·石涛《花卉山水册页》

114 文心雕龙·神思（节选）

[南朝齐] 刘　勰

《神思》是《文心雕龙》的第二十六篇，比较全面系统地论述了艺术构思问题。节选部分以骈文的形式描摹艺术构思时的状态，不仅将玄妙的心理状态写得如在目前，而且节奏铿锵，文采斐然。

古人云："形在江海之上，心存魏阙①之下。"神思之谓也。文之思也，其神远矣。故寂然凝虑②，思接千载；悄焉动容③，视通万里。吟咏之间，吐纳珠玉之声；眉睫之前，卷舒风云之色。其思理之致乎！

注　释

① 魏阙：用以借指朝廷。

② 凝虑：凝思。

③ 动容：内心有所感动而表现于面容。

译　文

古人说："有的人身在江湖，心里却挂念着朝廷。"这说的就是神思。写作的构思，它的想象往往飞向遥远的地方。所以当作家凝神思考的时候，能联想到千年之前；当作家心有所感而动容的时候，能看到万里之外；吟诵咏唱的时候，就好像吐纳珠玉般悦耳动听；而眼前就好像出现了风云卷舒变幻的景象。这就是构思的情致！

拓　展

《文心雕龙》是南朝文学理论家刘勰创作的一部文学理论著作，成书于 501 至 502 年。《文心雕龙》共 10 卷 50 篇，分上下两编，各 25 篇，包括总论、文体论、创作论、批评论四个部分，是中国现存最早的文学理论专著。

清·王宸《山水册页》

115 《文选》序（节选）

〔南朝梁〕萧　统

　　陆游曾说"《文选》烂，秀才半"。钱穆先生也曾说："如果想学中国古典文学，《诗经》加《文选》就足够了。"《文选》作为我国现存最早的诗文总集，在文学史上具有极其重要的地位，后世众多文人学者都深受其影响，以致形成了"选学"。

　　式观元始，眇觌玄风[1]，冬穴[2]夏巢[3]之时，茹[4]毛饮血之世，世质民淳，斯文[5]未作。逮[6]乎伏羲氏[7]之王[8]天下也，始画八卦[9]，造书契[10]，以代结绳之政，由是文籍生焉。《易》曰："观乎天文[11]，以察时变[12]。观乎人文[13]，以化成[14]天下。"文之时义远矣哉！若夫椎轮[15]为大辂[16]之始，大辂宁有椎轮之质；增[17]冰为积水所成，积水曾微[18]增冰之凛[19]，何哉？盖踵其事[20]而增华[21]，变其本而加厉。物即有之，文亦宜然。随时变改，难可详悉。

注 释

①　式观元始，眇觌玄风：观那原始时代的远古风俗。式，语助词。元始，原始。眇，通"渺"，远。觌（dí），看。玄风，远古的民风世情。

②　穴：穴居。

③　巢：构木为巢。

④　茹：吃。

⑤　文：指文章典籍。

⑥　逮：及。

⑦　伏羲氏：传说中的上古帝王。

⑧　王（wàng）：统治。

⑨　八卦：指《周易》中的乾、坤、震、巽、坎、离、兑、艮。

⑩　书契：指文字。

⑪　天文：日月星辰。

⑫　时变：四时变化。

⑬　人文：指古代典籍。

⑭　化成：教化成功。

⑮ 椎轮：即椎车，其轮无辐，是一种原始简陋的车。

⑯ 大辂（lù）：天子之车。

⑰ 增：通"层"。

⑱ 微：无。

⑲ 凛：寒冷。

⑳ 踵其事：指造车之事。

㉑ 华：文采。

译文

观那原始时代的远古风俗，人类处在冬住窟夏居巢、连毛带血吃生肉的时期，世风质朴，民情淳厚，文字文章还没有产生。到了伏羲氏治理天下的时候，才开始画八卦，造文字，用来代替结绳记事的方法，从此以后文章典籍就应运而生了。《易经》上说："观察天文星辰，用来考察四季的变化；观察人文，用来教化成就天下之人。"文的意义真是深远广大啊！椎轮这种简陋的车子是帝王乘坐的大辂的原始模样，但大辂哪有椎轮的质朴？厚厚的冰层是积水凝结而成的，但积水并没有厚冰的寒冷。为什么呢？是由于承继之前的事业又进行了文饰，改变了本来状态，又有所发展的结果。事物既然有这种现象，文章也应当如此。文章随着时代的发展而变化，我们难以全部搞清它的变化规律。

拓展

萧统（501—531），字德施，南朝梁文学家，梁武帝萧衍长子。萧统于宋武帝天监元年（502）被册立为太子。他在东宫以仁德而闻名，受朝野及百姓爱戴。梁武帝中大通三年（529），萧统因病早逝，时年31岁。谥号昭明，葬安宁陵，史称"昭明太子"。萧统酷爱读书，笃好玄学，在太子位上广纳人才，勤于著述。他主持编撰的《文选》（史称《昭明文选》），选录先秦至梁的诗文辞赋700余首，是中国现存最早的大型诗文总集，后世形成专门研究《文选》的"选学"。

清·杜湘《山水册页》

116 《河岳英灵集》序（节选）

［唐］殷 璠

孔子论人"质胜文则野，文胜质则史"，殷璠论诗"文有神来、气来、情来"，不可"贵轻艳""理不足"，大概作诗和做人是相通的，文质彬彬，然后君子。

梁昭明太子①撰《文选》，后相效著述者十余家②，成自称尽善。高德之士③，或未全许。且大同至于天宝④，把笔者近千人，除势要及贿赂者，中间灼然可尚⑤者，五分无二，岂得逢诗辄赞，往往盈帙？盖身后⑥立节⑦，当无诡随⑧，其应诠拣⑨不精，玉石相混，致令众口销铄⑩，为知音所痛。

注 释

① 梁昭明太子：即萧统。南朝梁武帝长子，曾立为太子，未及即位而卒，谥昭明，世称昭明太子。

② 后相效著述者十余家：指《文选》之后，出现在《河岳英灵集》之前的《词林》《文海》《小词林》等十几种。

③ 高德之士：德识高超的人。

④ 大同至于天宝：大同，梁武帝年号，自535年至545年。天宝，唐玄宗年号，自742年至756年。

⑤ 灼然可尚：成就显著可以效仿的。

⑥ 身后：当作身前。

⑦ 立节：谓选家选录的标准应该严谨。

⑧ 诡随：随声附和。

⑨ 诠拣：选择。

⑩ 众口销铄：众人的议论可以销铄金石。铄，销熔。

译 文

梁昭明太子萧统编选《文选》，后来相效仿编选的有十几家，都自己夸耀尽善尽美。识见高超的人，大概没有全部赞同。何况梁武帝大同到唐玄宗天宝年间，操笔写作的将近千人，除了有权势的达官贵人和赠财物请别人代写的，其中有显著成就可以效仿的，不足五分之二。怎能看到诗就加以赞赏，纂录起来便是满满的卷帙？生前应该有严谨的标准，应当不要随声附和。由于选择不精细，宝玉乱石相混杂，致使众人的议论可以销铄金石，使知音的人很痛心。

拓展

殷璠（fán），生卒年不详，丹阳（今属江苏省）人，唐代文学家。进士出身，出仕后辞官归隐。曾编《河岳英灵集》，选录唐开元至天宝年间常建、李白、王维、高适、岑参、孟浩然、王昌龄等 24 人诗 234 首，并未选及杜甫诗作，大概是因为杜甫成名略后于所选诗人。书中自序说："粤若王维、王昌龄、储光羲等二十四人，皆河岳英灵也，此集便以《河岳英灵》为号。"书前有序、论各一篇，标举"风骨"与"声律"兼备的盛唐诗风，是现存的《唐人选唐诗》中非常重要的一种。

明·董其昌《仿宋元人缩本画跋册》

117　浅俗之诗

［宋］欧阳修

　　对于诗文,欧阳修主张妥帖自然,但如果不加修饰,则会流于浅俗,有时也会产生歧义,以致作者的本意被人歪曲,下文所说即是此意。

　　圣俞①尝云:"诗句义理虽通,语涉浅俗而可笑者,亦其病②也。如有《赠渔父》一联云'眼前不见市朝事,耳畔惟闻风水声。'说者云:'患肝肾风。'又有《咏诗者》云:'尽日觅不得,有时还自来。'本谓诗之好句难得耳,而说者云:'此是人家失却猫儿诗。'人皆以为笑③也。"

——《六一诗话》

注 释

　　① 圣俞:梅尧臣(1002—1060),世称宛陵先生,宣州宣城(今安徽省宣城市宣州区)人,北宋诗人。
　　② 病:缺点,弊处。
　　③ 笑:笑谈。

译 文

　　梅尧臣曾经说:"诗句的义理虽然通顺,语言粗俗可笑,也是它的弊处。如《赠渔夫》中有一句说'眼前不见市朝事,耳畔惟闻风水声。'有人说:'患了肝肾风这种病。'又有《咏诗者》中说:'尽日觅不得,有时还自来。'本来说是诗中难得的好句,但是有人说:'这是人家丢失猫儿写的诗。'人们都把它作为笑谈。"

拓 展

　　《六一诗话》由宋朝欧阳修所撰,共一卷,是文学理论史上以"诗话"为名的第一部著作,开后代诗歌理论著作的新体裁,各则诗话条目之间排列没有固定和必然的逻辑联系,其中有大量篇幅,用以鉴赏品评那些炼意新奇而用语精巧的佳句好诗。

187

清·石涛《设色山水册》

118 《温公续诗话》二则

［宋］司马光

　　司马光所著《温公续诗话》，是我国第二部诗话形式的诗歌评论著作。其中或品评、鉴赏时人或前人的一些名诗，或记载一些文人轶事、趣闻及诗歌创作经过。下面两则分别涉及李贺与林逋诗歌中的名句。

　　李长吉①歌"天若有晴天亦老"，人以为奇绝无对。曼卿②对"月如无恨月常圆"，人以为勍敌③。

　　林逋处士，钱塘人，家于西湖之上，有诗名。人称其《梅花诗》云"疏影横斜水清浅，暗香浮动月黄昏"，曲尽梅之体态。

注 释

① 李长吉：指唐代诗人李贺。

② 曼卿：指石延年（994—1041），一字安仁，号芙蓉仙人，北宋诗人、文学家、书法家。

③ 勍（qíng）敌：指才艺相当的人。

译 文

　　李贺的诗句"天若有情天亦老"，人们认为颇为奇妙，以至于没有能对出的句子。石延年对的是"月如无恨月常圆"，人们认为与之旗鼓相当。

　　林逋处士是钱塘人，家在西湖边上，善于作诗。人们称他所作的《梅花诗》中的"疏影横斜水清浅，暗香浮动月黄昏"，把梅花的形态描绘得淋漓尽致。

拓 展

　　《温公续诗话》共一卷，由北宋著名政治家、史学家司马光所著。据《四库全书总目提要》所说，《温公续诗话》是为续欧阳修《六一诗话》所作。

119　诗有别材

［宋］严　羽

　　严羽所著的《沧浪诗话》是一部中国古代诗歌理论和诗歌美学著作,约写成于南宋理宗绍定、淳祐年间。它是一部系统性、理论性较强的诗话。"以禅喻诗",即以禅机、禅趣来理解诗歌,是《沧浪诗话》鲜明的学术品格。

　　夫诗有别材,非关书也;诗有别趣,非关理也。然非多读书、多穷理,则不能极其至。所谓不涉理路、不落言筌①者,上也。诗者,吟咏情性也。盛唐诸人惟在兴趣,羚羊挂角无迹可求。故其妙处透彻玲珑不可凑泊②,如空中之音、相中之色、水中之月、镜中之象,言有尽而意无穷。近代诸公乃作奇特。解会,遂以文字为诗,以才学为诗,以议论为诗,夫岂不工?终非古人之诗也。

——《沧浪诗话》

注 释

① 言(yán)筌(quán):言语的迹象。

② 凑(còu)泊(bó):凝合,聚合。

译 文

　　写诗需要别样的才能,和读书多少没有关系;写诗需要别样的意趣,和抽象的说理没有关系。然而不读书,不深研理论,也不能到达诗歌创作的极致。诗歌中不沉溺于理论逻辑,不落入语言束缚的才是上等的。诗歌,是吟咏情志心性的。盛唐的诗人只在意诗的意趣,如同羚羊挂角,没有痕迹可探求,所以他们诗歌的美妙之处在于清莹澄澈、玲珑剔透,使人难以寻绎,好像空中的音响,形貌的色彩,水中的月亮,镜中的形象,言有尽而意无穷。近代诸位诗人对诗歌的理解很奇特,于是以散文的方式写诗,以说理的方式写诗,以用典炫学的方式写诗。以这样的方式写诗,难道写不好吗?(但即便写好了)也终究不像古人的诗了。

拓 展

　　《沧浪诗话》是南宋诗论家严羽创作的诗歌理论著作，共一卷，分为《诗辩》《诗体》《诗法》《诗评》《考证》五部分。全书具有较强的系统性与理论性，论诗推崇盛唐，反对宋诗的议论化、散文化倾向，以禅喻诗，提倡"妙悟"，提出"诗有别材""别趣"的著名观点。

清·金农《梅花图册页》

120 司马季主论卜

[明] 刘 基

文章借古讽今，意在说明元代末年社会的种种破败，都是统治者穷奢极欲的结果。在现代看来，这篇对话也是对当时统治者的一声警钟。

东陵侯①既废，过司马季主②而卜焉。季主曰："君侯何卜也？"东陵侯曰："久卧者思起，久蛰③者思启，久懑者思嚏。吾闻之蓄极则泄，閟④极则达。热极则风，壅极则通。一冬一春，靡屈不伸，一起一伏，无往不复。仆窃有疑，愿受教焉。"季主曰："若是，则君侯已喻之矣，又何卜为？"东陵侯曰："仆未究其奥也，愿先生卒教之。"季主乃言曰："呜呼！天道何亲？惟德之亲；鬼神何灵？因人而灵。夫蓍⑤，枯草也；龟，枯骨也，物也。人，灵于物者也，何不自听而听于物乎？且君侯何不思昔者也？有昔者必有今日，是故碎瓦颓垣，昔日之歌楼舞馆也；荒榛断梗，昔日之琼蕤⑥玉树也；露蛩⑦风蝉，昔日之凤笙龙笛也；鬼燐萤火，昔日之金釭华烛也；秋荼春荠，昔日之象白驼峰⑧也；丹枫白荻，昔日之蜀锦⑨齐纨⑩也。昔日之所无，今日有之不为过；昔日之所有，今日无之不为不足。是故一昼一夜，华⑪开者谢；一秋一春，物故者新。激湍之下，必有深潭；高丘之下，必有浚⑫谷。君侯亦知之矣，何以卜为？"

注 释

① 东陵侯：邵平，秦时封东陵侯，汉时被废黜，在长安城东种瓜。
② 司马季主：西汉初一个善于占卜的人。
③ 蛰：指动物的冬眠。
④ 閟(bì)：堵塞，不通达。
⑤ 蓍(shī)：蓍草，古人用来占卜。
⑥ 琼(qióng)蕤(ruí)：美好的花。蕤，草木花叶下垂的样子。
⑦ 蛩(qióng)：同"蛩"，蟋蟀。
⑧ 象白驼峰：都是美味食品。象白，象的脂肪。驼峰，骆驼的肉峰。
⑨ 蜀锦：蜀地(即今四川省和重庆市)出产的锦缎。

⑩ 齐纨：齐地（在今山东省境内）出产的白细绢。

⑪ 华：古"花"字。

⑫ 浚：深。

译文

东陵侯被废黜后，到司马季主那里去占卜。司马季主问道："君侯您要占卜什么事呢？"东陵侯答："久卧在床的人总想起床，长期冬眠的动物想要苏醒，长期郁闷的人总想要发泄。我听说蓄积太多就需要发泄，郁闷久了就需要通透，热得太厉害就需要吹风，堵塞到了极致就需要通畅。一冬一春之间，不会总是屈而不伸的，事物间总是一起一伏，没有去而不返的。我心里对这件事还有疑惑，希望能得到你的建议。"司马季主说道："按照你刚才的话，说明你对这件事很了解，为什么要来占卜呢？"东陵侯说："我还是觉得我没有明白其中的奥妙，恳请先生好好开导我一下。"司马季主这才说道："唉！天道亲近谁？只会亲近有德的人！鬼神有什么作用？鬼神只靠人事来表现自己！占卜用的蓍草，只不过是枯草，龟甲也只不过是枯骨，它们都只不过是物罢了。人，总比物要有灵性，为什么不相信自己而去相信物呢？况且，君侯您为什么不想想过去呢？有过去就有今天。因而，那些破瓦破墙，曾经是昔日的歌楼舞馆；那些枯枝落叶，曾经是昔日的玉树琼枝；风雨中鸣叫的蟋蟀，风中的蝉鸣，也曾是昔日宫廷的笙箫；昏暗的磷光鬼火，曾是昔日的金灯银烛；秋天的苦菜，春天的荠菜，也是昔日的象白驼峰；那丹枫白荻，也是过去的绮罗锦绣。以往没有的，今天也不为过，而以往有的，今天失去了也并非显得不足。因此，一日一夜，花开又落，一春一秋，万物也有新的变化。湍急的流水下必定有深潭，高山之下必有深谷。这些道理，君侯您是明白的，为什么占卜呢？"

拓 展

刘基（1311—1375），字伯温，浙江青田南田（今属浙江省文成县）人，故时人称他刘青田。元末明初杰出的军事谋略家、政治家、文学家和思想家，明朝开国元勋。明洪武三年（1370）封诚意伯，人们又称他刘诚意。正德九年（1514）追赠太师，谥号文成，后人又称他刘文成、文成公。他以神机妙算、运筹帷幄闻名于世。

清·王宸《山水册页》

121 稽山书院尊经阁记（节选）

〔明〕王守仁

《左传》中有"三不朽"的说法，即立德、立功、立言，王阳明堪称三者皆备的典型。"知行合一"是阳明心学的重心，也是他一生成就的基础，王阳明借《尊经阁记》，表达了他对儒家经典的理解，同时也阐明了心学的理论基础。

经①，常道②也，其在于天谓之命③，其赋于人谓之性④，其主于身谓之心⑤。心也，性也，命也，一⑥也。通人物⑦，达四海⑧，塞天地⑨，亘古今⑩，无有乎弗具，无有乎弗同，无有乎或变者也，是常道也。其应乎感也，则为恻隐，为羞恶，为辞让，为是非；其见于事也，则为父子之亲，为君臣之义，为夫妇之别，为长幼之序，为朋友之信。是恻隐也，羞恶也，辞让也，是非也，是亲也，义也，序也，别也，信也，一也；皆所谓心也，性也，命也。通人物，达四海，塞天地，亘古今，无有乎弗具，无有乎弗同，无有乎或变者也，是常道也。

——《古文观止》

注释

① 经：此为对儒家典范著作的尊称。

② 常道：指常行的义理和法则。

③ 命：天命。朱熹言："物所受为性，天所赋为命。"

④ 性：人的本性。

⑤ 心：通称思想和意念。

⑥ 一：统一。此句谓这三者是统一的。

⑦ 通人物：适用于各种人物。

⑧ 达四海：谓畅游天下。

⑨ 塞天地：谓充满天地之间。

⑩ 亘古今：贯穿古今。

译 文

经是亘古不变的真理，它在天称为"命"，在人称为"性"，作为人身的主宰称为"心"。心、性、命，是一个东西。它沟通人与物，遍及四海，充塞天地之间，贯通古往今来，无处不存，无处不同，没有改变的可能，所以它是亘古不变之道。它表现在人的情感里，便是恻隐之心，羞恶之心，谦让之心，是非之心；它表现在人际关系上，便是父子之亲，君臣之义，夫妇之别，兄弟之序，朋友之信。因此恻隐心、羞恶心、谦让心、是非心，也就是亲、义、序、别、信，是同样一件东西；都是心、性、命。这些都是沟通人与物，普及四海，充塞天地，贯穿古今，无处不存，无处不相同，无处可能改变的存在，即亘古不变之道。

拓 展

王守仁（1472—1528），字伯安，浙江余姚人，明代哲学家、教育家。尝筑室故乡阳明洞中，世称阳明先生。弘明进士，授刑部主事，转兵部尚书。王守仁继承陆九渊"心即是理"的思想，反对程颐、朱熹通过事事物物追求"至理"的"格物致知"方法，提倡"致良知"，从自己内心中去寻找"理"。在知与行的关系上，强调要知，更要行，知中有行，"知行合一"。他的思想在明代中期以后产生了很大的影响。著有《王文成公全书》。

清·樊圻《山水册页》

122　用奇谋孔明借箭

〔明〕罗贯中

　　周瑜，文韬武略兼备，被赞誉为"世间豪杰英雄士，江左风流美丈夫"。这样一个性度恢廓、雅量高致的东吴名将，究竟遇上了怎样的对手，让他发出"既生瑜，何生亮"的感叹？

　　次日，聚众将于帐下，教请孔明议事。孔明欣然而至。坐定，瑜问孔明曰："即日将与曹军交战，水路交兵，当以何兵器为先？"孔明曰："大江之上，以弓箭为先。"瑜曰："先生之言，甚合愚①意。但今军中正缺箭用，敢烦先生监造十万枝箭，以为应敌之具。此系公事，先生幸勿推却。"孔明曰："都督见委②，自当效劳。敢问十万枝箭，何时要用？"瑜曰："十日之内，可完办否？"孔明曰："操军即日将至，若候十日，必误大事。"瑜曰："先生料几日可完办？"孔明曰："只消三日，便可拜纳③十万枝箭。"瑜曰："军中无戏言。"孔明曰："怎敢戏都督！愿纳军令状：三日不办，甘当重罚。"瑜大喜，唤军政司当面取了文书，置酒相待曰："待军事毕后，自有酬劳。"孔明曰："今日已不及，来日造起。至第三日，可差五百小军到江边搬箭。"饮了数杯，辞去。鲁肃曰："此人莫非诈乎？"瑜曰："他自送死，非我逼他。今明白对众要了文书，他便两胁生翅，也飞不去。我只分付军匠人等，教他故意迟延，凡应用物件，都不与齐备。如此，必然误了日期。那时定罪，有何理说？公今可去探他虚实，却来回报。

　　肃领命来见孔明。孔明曰："吾曾告子敬④，休对公瑾⑤说，他必要害我。不想子敬不肯为我隐讳，今日果然又弄出事来。三日内如何造得十万箭？子敬只得救我！"肃曰："公自取其祸，我如何救得你？"孔明曰："望子敬借我二十只船，每船要军士三十人，船上皆用青布为幔，各束草千余个，分布两边。吾别有妙用。第三日包管有十万枝箭。只不可又教公瑾得知，若彼知之，吾计败矣。"肃允诺，却不解其意，回报周瑜，果然不提起借船之事，只言："孔明并不用箭竹、翎毛、胶漆等物，自有道理。"瑜大疑曰："且看他三日后如何回覆我！"却说鲁肃私自拨轻快船二十只，各船三十余人，并布幔束草等物，尽皆齐备，候孔明调用。第一日却不见孔明动静；第二日亦只不动。至第三日四更时分，孔明密请鲁肃到船中。肃问曰："公召我来何意？"孔明曰："特请子敬同往取箭。"肃曰："何处去取？"孔明曰："子敬休问，前去便见。"遂命将二十只船，用长索相连，径望北岸进发。是夜大雾漫天，长江之中，雾气更甚，对面不相见。孔明促舟前进，果然是好大雾！前人有篇《大雾垂江赋》曰："大哉长江！西接岷、峨，南控三吴，北带九河。汇百川而入海，历万古以扬波。至若龙伯、海若⑥，江妃⑦、水母，长鲸千丈，天蜈九首，鬼怪异类，咸集而有。盖夫鬼神之所凭依，英雄之所战守也。时也阴阳既乱，昧爽⑧不分。讶长空之一色，忽大雾之四屯。虽舆薪⑨而莫睹，惟金鼓之可闻。初若溟濛⑩，才隐南山之豹；渐而充塞，欲迷北海之鲲。然后上接高天，下垂厚地；渺乎苍茫，浩乎无际。鲸鲵出水而腾波，蛟龙潜渊而吐气。又如梅霖收溽，春阴酿寒；溟溟漠漠，洁浩漫漫。东失柴桑之岸，南无夏口之山。战船千艘，俱沉沦于岩壑；渔舟一叶，惊出没于波澜。甚则穹昊⑪无光，朝阳失色；返白昼为昏黄，变丹山为水碧。虽大禹之智，不能测其浅深；离娄⑫之明，焉能辨乎咫尺？于是冯夷息浪，屏翳收功；鱼鳖遁迹，鸟兽潜踪。隔断蓬莱之岛，暗围阊阖之宫⑬。恍惚奔腾，如骤雨之将至；纷纭杂沓，若寒云之欲同。乃能中隐毒蛇，因之而为瘴疠；内藏妖魅，凭之而为祸害。降疾厄于人间，起风尘于塞外。小民遇之夭伤，大人观之感慨。盖将返元气于洪荒，混天地为大块。"

当夜五更时候，船已近曹操水寨。孔明教把船只头西尾东，一带摆开，就船上擂鼓呐喊。鲁肃惊曰："倘曹兵齐出，如之奈何？"孔明笑曰："吾料曹操于重雾中必不敢出。吾等只顾酌酒取乐，待雾散便回。

却说曹寨中，听得擂鼓呐喊，毛玠、于禁二人慌忙飞报曹操。操传令曰："重雾迷江，彼军忽至，必有埋伏，切不可轻动。可拨水军弓弩手乱箭射之。"又差人往旱寨内唤张辽、徐晃各带弓弩军三千，火速到江边助射。比及号令到来，毛玠、于禁怕南军抢入水寨，已差弓弩手在寨前放箭;少顷,旱寨内弓弩手亦到,约一万余人,尽皆向江中放箭:箭如雨发。孔明教把船吊回,头东尾西,逼近水寨受箭,一面擂鼓呐喊。待至日高雾散,孔明令收船急回。二十只船两边束草上,排满箭枝。孔明令各船上军士齐声叫曰:"谢丞相箭!"比及曹军寨内报知曹操时,这里船轻水急,已放回二十余里,追之不及。曹操懊悔不已。却说孔明回船谓鲁肃曰:"每船上箭约五六千矣。不费江东半分之力,已得十万余箭。明日即将来射曹军,却不甚便!"肃曰:"先生真神人也!何以知今日如此大雾?"孔明曰:"为将而不通天文,不识地利,不知奇门,不晓阴阳,不看阵图,不明兵势,是庸才也。亮于三日前已算定今日有大雾,因此敢任三日之限。公瑾教我十日完办,工匠料物,都不应手,将这一件风流罪过,明白要杀我。我命系于天,公瑾焉能害我哉!"鲁肃拜服。船到岸时,周瑜已差五百军在江边等候搬箭。孔明教于船上取之,可得十余万枝,都搬入中军帐交纳。鲁肃人见周瑜,备说孔明取箭之事。瑜大惊,慨然叹曰:"孔明神机妙算,吾不如也!"后人有诗赞曰:"一天浓雾满长江,远近难分水渺茫。骤雨飞蝗来战舰,孔明今日伏周郎。"

——《三国演义》

注 释

① 愚:用于自称的谦辞。

② 见委:委托。

③ 拜纳:奉献,敬缴。

④ 子敬:鲁肃。

⑤ 公瑾:周瑜。

⑥ 龙伯、海若:龙伯是中国传说龙伯国的巨人。海若即北海若,古代中国传说中北海的海神。

⑦ 江妃:传说中的神女。

⑧ 昧爽:明暗。

⑨ 舆薪:满车子的柴,比喻大而易见的事物。

⑩ 溟(míng)濛(méng):混沌不分的样子。

⑪ 穹(qióng)昊(hào):穹苍。

⑫ 离娄(lóu):传说中视力特别好的人。

⑬ 阊（chāng）阖（hé）之宫：传说中天上神仙所居的宫殿。

拓 展

《三国演义》全名为《三国志通俗演义》，又称《三国志演义》，是元末明初小说家罗贯中创作的长篇章回体历史演义小说，根据陈寿《三国志》和裴松注解以及民间三国故事传说经过艺术加工创作而成。《三国演义》是中国文学史上第一部章回小说，是历史演义小说的开山之作，也是第一部文人长篇小说，有"第一才子书"之称。该书描写了从东汉末年到西晋初年之间近百年的历史风云，以描写战争为主，讲述了东汉末年的群雄割据混战和魏、蜀、吴三国之间的政治和军事斗争，最终司马炎一统三国，建立晋朝的故事。

清·王鉴《湘碧居士仿古册》

123　花和尚倒拔垂杨柳

［明］施耐庵

　　它的故事情节和《三国演义》一样荡气回肠、恢宏壮大，却比《三国演义》更为读者喜闻乐见，被称为"中国生活伟大的社会文献"，这就是《水浒传》。

　　金圣叹在《第五才子书施耐庵水浒传》中评鲁智深为"上上人物"，"写得心地厚实，体格阔大。论粗卤处，他也有些粗卤；论精细处，他亦甚是精细"。粗卤与精细是如何在一人身上同时体现出来的呢？

　　话说那酸枣门外三二十个泼皮破落户^①中间，有两个为头的，一个叫做过街老鼠张三，一个叫做青草蛇李四。这两个为头接将来，智深也却好去粪窖边，看见这伙人都不走动，只立在窖边，齐道："俺特来与和尚作庆。"智深道："你们既是邻舍街坊，都来廨宇^②里坐地。"张三、李四便拜在地上，不肯起来。只指望和尚来扶他，便要动手。智深见了，心里早疑忌道："这伙人不三不四，又不肯近前来，莫不要撧^③洒家^④？那厮却是倒来捋虎须，俺且走向前去，教那厮看洒家手脚。"

　　智深大踏步近前，去众人面前来。那张三、李四便道："小人兄弟们特来参拜师父。"口里说，便向前去，一个来抢左脚，一个来抢右脚。智深不等他占身，右脚早起，腾的把李四先踢下粪窖里去。张三恰待走，智深左脚早起，两个泼皮都踢在粪窖里挣扎。后头那二三十个破落户，惊的目瞪痴呆，都待要走。智深喝道："一个走的，一个下去！两个走的，两个下去！"众泼皮都不敢动掸。只见那张三、李四在粪窖里探起头来。原来那座粪窖没底似深，两个一身臭屎，头发上蛆虫盘满，立在粪窖里，叫道："师父，饶恕我们！"智深喝道："你那众泼皮，快扶那鸟上来，我便饶你众人。"众人打一救，挽到葫芦架边，臭秽不可近前。智深呵呵大笑道："兀那蠢物！你且去菜园池子里洗了来，和你众人说话。"两个泼皮洗了一回，众人脱件衣服与他两个穿了。

　　智深叫道："都来廨宇里坐地说话。"智深先居中坐了，指着众人道："你那伙鸟人，休要瞒洒家，你等都是什么鸟人，来这里戏弄洒家？"

那张三、李四并众火伴一齐跪下，说道："小人祖居在这里，都只靠赌博讨钱为生。这片菜园是俺们衣饭碗，大相国寺里几番使钱要奈何我们不得。师父却是那里来的长老？恁的了得！相国寺里不曾见有师父。今日我等愿情伏侍。"智深道："洒家是关西延安府老种经略相公帐前提辖官，只为杀的人多，因此情愿出家，五台山来到这里。洒家俗姓鲁，法名智深。休说你这三二十个人直什么，便是千军万马队中，俺敢直杀的入去出来！"众泼皮喏喏连声，拜谢了去。智深自来廨宇里房内，收拾整顿歇卧。

次日，众泼皮商量，凑些钱物，买了十瓶酒，牵了一个猪，来请智深。都在廨宇安排了，请鲁智深居中坐了，两边一带坐定那二三十泼皮饮酒。智深道："什么道理，叫你众人们坏钞⑤。"众人道："我们有福，今日得师父在这里，与我等众人做主。"智深大喜。吃到半酣⑥里，也有唱的，也有说的，也有拍手的，也有笑的。正在那里喧哄，只听得门外老鸦哇哇的叫。众人有扣齿的，齐道："赤口上天，白舌入地⑦。"智深道："你们做什么鸟乱？"众人道："老鸦叫，怕有口舌。"智深道："那里取这话！"那种地道人笑道："墙角边绿杨树上新添了一个老鸦巢，每日只聒到晚。"众人道："把梯子去上面拆了那巢便了。"有几个道："我们便去。"智深也乘着酒兴，都到外面看时，果然绿杨树上一个老鸦巢。众人道："把梯子上去拆了，也得耳根清净。"李四便道："我与你盘上去，不要梯子。"智深相了一相，走到树前，把直裰脱了，用右手向下，把身倒缴着，却把左手拔住上截，把腰只一趁，将那株绿杨树带根拔起。众泼皮见了，一齐拜倒在地，只叫："师父非是凡人，正是真罗汉！身体无千万斤气力，如何拔得起！"

——《水浒传》

注释

① 泼皮破落户：家道中落、缺少教养而泼辣的人。

② 廨（xiè）宇：官舍。

③ 撺（diān）：跌，摔。

④ 洒家：类似现代的"俺""咱"等，宋代含义中有粗鄙的意思。

⑤ 坏钞：花费钱财，指请客、送礼、资助人等，是一种客气的说法。

⑥ 半酣：酒喝一半，尚未尽兴，接近尽兴状态。

⑦ 赤口上天，白舌入地：禳解口舌灾祸的话，迷信人口念此语，以为可以避免因口舌而生的灾祸。

拓 展

《水浒传》是中国古典四大名著之一，是元末明初施耐庵编著的章回体长篇小说。全书通过描写梁山好汉反抗欺压、壮大水泊梁山和受宋朝招安，以及为宋朝征战，最终消亡的故事，反映了中国历史上宋江起义从发生、发展直至失败的全过程，深刻揭示了起义的社会根源，歌颂了起义英雄的反抗斗争，也揭示了起义失败的历史原因。《水浒传》问世后，在社会上产生了巨大的影响，成为后世中国小说创作的典范。

清·查士标《山水图》

124　四海千山皆拱伏

[明] 吴承恩

　　它不像《红楼梦》那般缠绵凄美，也不似《三国演义》和《水浒传》那样雄浑粗放，《西游记》的世界是一个独一无二、天马行空的缤纷世界。从师徒四人取经路上跌宕起伏的九九八十一难，到形形色色的神仙魔怪、林林总总的法宝武器都在吴承恩的想象下涌出笔尖，展现在我们眼前。下面是美猴王龙宫寻宝的桥段。

　　美猴王正喜间，忽对众说道："汝等弓弩熟谙，兵器精通，奈我这口刀着实榔槺①，不遂我意，奈何？"四老猴上前启奏道："大王乃是仙圣，凡兵是不堪用；但不知大王水里可能去得？"悟空道："我自闻道之后，有七十二般地煞变化之功；筋斗云有莫大的神通；善能隐身遁身，起法摄法；上天有路，入地有门；步日月无影，入金石无碍；水不能溺，火不能焚。那些儿去不得？"四猴道："大王既有此神通，我们这铁板桥下，水通东海龙宫。大王若肯下去，寻着老龙王，问他要件甚么兵器，却不趁心？"悟空闻言甚喜道："等我去来。"

　　好猴王，跳至桥头，使一个闭水法，捻着诀，扑的钻入波中，分开水路，径入东洋海底。正行间，忽见一个巡海的夜叉，挡住问道："那推水来的，是何神圣？说个明白，好通报迎接。"悟空道："吾乃花果山天生圣人孙悟空，是你老龙王的紧邻，为何不识？"那夜叉听说，急转水晶宫传报道："大王，外面有个花果山天生圣人孙悟空，口称是大王紧邻，将到宫也。"东海龙王敖广即忙起身，与龙子、龙孙、虾兵、蟹将出宫迎道："上仙请进，请进。"直至宫里相见，上坐献茶毕，问道："上仙几时得道，授何仙术？"悟空道："我自生身之后，出家修行，得一个无生无灭之体。近因教演儿孙，守护山洞，奈何没件兵器，久闻贤邻享乐瑶宫贝阙②，必有多余神器，特来告求一件。"龙王见说，不好推辞，即着鳜都司取出一把大捍刀奉上。悟空道："老孙不会使刀，乞另赐一件。"龙王又着鲅大尉，领鳝力士，抬出一捍九股叉来。悟空跳下来，接在手中，使了一路，放下道："轻！轻！轻！又不趁手！再乞另赐一件。"龙王笑道："上仙，你不看看。这又有三千六百斤重哩！"悟空道："不趁手！不趁手！"龙王心中恐惧，又着鲌提督、鲤总兵抬出一柄画杆方天戟，那戟有七千二百斤重。悟空见了，跑近前接在手中，丢几个架子，撒两个解数，插在中间道："也还轻！轻！轻！"老龙王一发怕道："上仙，我宫中只有这根戟重，再没甚么兵器了。"悟空笑道："古人云：'愁海龙王没宝哩！'你再去寻寻看。若有可意的，一一奉价。"龙王道："委的再无。"

正说处，后面闪过龙婆、龙女道："大王，观看此圣，决非小可。我们这海藏中，那一块天河底的神珍铁，这几日霞光艳艳，瑞气腾腾，敢莫是该出现，遇此圣也？"龙王道："那是大禹治水之时，定江海浅深的一个定子。是一块神铁，能中何用？"龙婆道："莫管他用不用，且送与他，凭他怎么改造，送出宫门便了。"老龙王依言，尽向悟空说了。悟空道："拿出来我看。"龙王摇手道："扛不动！抬不动！须上仙亲去看看。"悟空道："在何处？你引我去。"龙王果引导至海藏中间，忽见金光万道。龙王指定道："那放光的便是。"悟空撩衣上前，摸了一把，乃是一根铁柱子，约有斗来粗，二丈有余长。他尽力两手挝过道："忒粗忒长些！再短细些方可用。"说毕，那宝贝就短了几尺，细了一围。悟空又颠一颠道："再细些更好！"那宝贝真个又细了几分。悟空十分欢喜，拿出海藏看时，原来两头是两个金箍，中间乃一段乌铁；紧挨箍有镌成的一行字，唤做"如意金箍棒"，重一万三千五百斤。心中暗喜道："想必这宝贝如人意！"一边走，一边心思口念，手颠着道："再短细些更妙！"拿出外面，只有二丈长短，碗口粗细。

你看他弄神通，丢开解数，打转水晶宫里。唬得老龙王胆战心惊，小龙子魂飞魄散；龟鳖鼋鼍皆缩颈，鱼虾鳌蟹尽藏头。悟空将宝贝执在手中，坐在水晶宫殿上。对龙王笑道："多谢贤邻厚意。"龙王道："不敢，不敢。"悟空道："这块铁虽然好用，还有一说。"龙王道："上仙还有甚说？"悟空道："当时若无此铁，倒也罢了；如今手中既拿着他，身上无衣服相趁，奈何？你这里若有披挂，索性送我一件，一总奉谢。"龙王道："这个却是没有。"悟空道："'一客不犯二主。'若没有，我也定不出此门。"龙王道："烦上仙再转一海，或者有之。"悟空又道："'走三家不如坐一家。'千万告求一件。"龙王道："委的没有；如有即当奉承。"悟空道："真个没有，就和你试试此铁！"龙王慌了道："上仙，切莫动手！切莫动手！待我看舍弟处可有，当送一副。"悟空道："令弟何在？"龙王道："舍弟乃南海龙王敖钦、北海龙王敖顺、西海龙王敖闰是也。"悟空道："我老孙不去！不去！俗语谓'赊三不敌见二'，只望你随高就低的送一副便了。"老龙道："不须上仙去。我这里有一面铁鼓，一口金钟，凡有紧急事，擂得鼓响，撞得钟鸣，舍弟们就顷刻而至。"悟空道："既是如此，快些去擂鼓撞钟！"真个那鼍将便去撞钟，鳖帅即来擂鼓。

少时，钟鼓响处，果然惊动那三海龙王，须臾③来到，一齐在外面会着，敖钦道："大哥，有甚紧事，擂鼓撞钟？"老龙道："贤弟！不好说！有一个花果山甚么天生圣人，早间来认我做邻居，后来要求一件兵器，献钢叉嫌小，奉画戟嫌轻。将一块天河定底神珍铁，自己拿出手，丢了些解数。如今坐在宫中，又要索甚么披挂。我处无有，故响钟鸣鼓，请贤弟来。你们可有甚么披挂，送他一副，打发出门去罢了。"敖钦闻言，大怒道："我兄弟们，点起兵，拿他不是！"老龙道："莫说拿！那块铁，挽着些儿就死，磕着些儿就亡，挨挨皮儿破，擦擦儿筋伤！"西海龙王敖闰说："二哥不可与他动手；且只凑副披挂与他，打发他出了门，启表奏上上天，天自诛也。"北海龙王敖顺道："说的是。我这里有一双藕丝步云履哩。"西海龙王敖闰道："我带了一副锁子黄金甲哩。"南海龙王敖钦道："我有一顶凤翅紫金冠哩。"老龙大喜，引入水晶宫相见了，以此奉上。悟空将金冠、金甲、云履那穿戴停当，使动如意棒，一路打出去，对众龙道："聒噪！聒噪！"四海龙王甚是不平，一边商议进表上奏不题。

——《西游记》

注　释

① 榔(láng)槺(kāng)：器物笨重，用起来不灵便。
② 瑶宫贝阙：用美玉、珠贝建造装饰的宫阙。形容建筑华丽。
③ 须臾：形容极短的时间。

拓展

　　章回体,中国古代长篇小说的一种外在叙述体式,其特点是将全书分为若干章节,称为"回"或"节"。每回前用单句或两句对偶的文字作标题,称为"回目",概括本回的故事内容。每回开头以"话说""且说"等起叙,每回末有"欲知后事如何,且听下文分解"之类的收束语,一回叙述一个较完整的故事段落,相对独立,但又承上启下。

清·王鉴《仿古山水》

125 牡丹亭艳曲警芳心

［清］曹雪芹

　　半部论语治天下，一部红楼懂人生。现代文学家鲁迅也说《红楼梦》："经学家看见《易》，道学家看见淫，才子看见缠绵，革命家看见排满，流言家看见宫闱秘事……"《红楼梦》被视为"中国社会的百科全书"，其内容可谓是包罗万象，其思想底蕴更是耐人寻味、引人深思。下面的选文描写的是林黛玉听《牡丹亭》词曲时的切身感悟，曹雪芹借此强化了黛玉敏感多情的形象以及她的悲剧人格。读此文我们既要揣摩小说作者的用意，也要体会传统词曲动人心魄的感染力。

　　这里黛玉见宝玉去了，听见众姐妹也不在房中，自己闷闷的，正欲回房，刚走到梨香院墙角外，只听见墙内笛韵悠扬，歌声婉转，黛玉便知是那十二个女孩子演习戏文。虽未留心去听，偶然两句吹到耳朵内，明明白白，一字不落，道："原来是姹紫嫣红开遍，似这般，都付与断井颓垣①！"黛玉听了，倒也十分感慨缠绵，便止步侧耳细听。又唱道是："良辰美景奈何天，赏心乐事谁家院？"听了这两句，不觉点头自叹，心下自思："原来戏上也有好文章！可惜世人只知看戏，未必能领略其中的趣味。"想毕，又后悔不该胡想，耽误了听曲子。再听时，恰唱到："只为你如花美眷，似水流年。"黛玉听了这两句，不觉心动神摇。又听道"你在幽闺自怜"等句，越发如醉如痴，站立不住，便一跨身，坐在一块山子石上，细嚼"如花美眷，似水流年"八个字的滋味。忽又想起前日见古人诗中有"水流花谢两无情"之句；再词中又有"流水落花春去也，天上人间"之句；又兼方才所见《西厢记》中"花落水流红，闲愁万种"之句：都一时想起来，凑聚在一处。仔细忖度，不觉心痛神驰，眼中落泪。正没个开交处，忽觉身背后有人拍了他一下，及至回头看时——未知是谁，下回分解。

——《红楼梦》

注释

①断井颓垣：指断了的井栏，倒塌的短墙，形容庭院破败的景象。

拓展

《红楼梦》别名《石头记》，中国古代章回体长篇小说，中国古典四大名著之一，通行本共120回，大部分人认为前80回是清代作家曹雪芹所著，后40回作者为无名氏，整理者为程伟元、高鹗。小说以贾、史、王、薛四大家族的兴衰为背景，以富贵公子贾宝玉为视角，以贾宝玉与林黛玉、薛宝钗的爱情婚姻悲剧为主线，描绘了一些闺阁佳人的人生百态，可以说是一部从各个角度展现女性美以及中国古代社会百态的史诗性著作。

《红楼梦》是一部具有世界影响力的人情小说、中国封建社会的百科全书、传统文化的集大成者，更以其丰富深刻的思想底蕴和出色的艺术成就使学术界产生了以此为研究对象的专门学问——红学。

清·王鉴《仿古山水》

126 义犬

[清] 蒲松龄

　　滴水之恩，当涌泉相报。一犬为报恩尚能如此，况人乎？愿君常怀感恩之心，以真心对待帮助过自己的人。

　　周村有贾某贸易芜湖，获重资，赁舟将归，见堤上有屠人缚犬，倍价赎之，养豢①舟上。舟上固积寇②也，窥客装，荡舟入莽③，操刀欲杀。贾哀赐以全尸，盗乃以毡裹置江中。犬见之，哀嗥投水；口衔裹具，与共浮沉。流荡不知几里，达浅搁乃止。犬泅出，至有人处，狼信哀吠。或以为异，从之而往，见毡束水中，引出断其绳。客固未死，始言其情。复哀舟人载还芜湖，将以伺④盗船之归。登舟失犬，心甚悼⑤焉。抵关三四日，估辑⑥如林，而盗船不见。适有同乡估客将携俱归，忽犬自来，望客大嗥，唤之却走。客下舟趁之。犬奔上一舟，啮人胫股，挞⑦之不解。客近呵之，则所啮即前盗也。衣服与舟皆易，故不得而认之矣。缚而搜之，则裹金犹在，呜呼！一犬也，而报恩如是，世无心肝者，其亦愧此犬也夫！

——《聊斋志异》

注 释

① 豢（huàn）：喂养。

② 积寇：惯匪。

③ 莽：草丛。

④ 伺：守候。

⑤ 悼：悲伤。

⑥ 估辑：商船。

⑦ 挞：打。

译 文

　　周村有个姓贾的人在芜湖做生意，赚了大钱，雇了一艘小船将要回家，看到堤上有个屠夫绑着一只狗，就用双倍的钱把那只狗买了下来，把它养在船上。谁知那船夫是个惯匪，看到贾某身上的财物，就把船划到芦苇丛中，拿起刀准备要杀他。贾某哀求船夫赐给他全尸，强盗就用毛毡把他裹着扔到了江中。贾某之前救的狗看到了，哀叫着跳入了江中；嘴里衔着裹着贾某的毛毡，和他一起浮沉。这样不知道漂流了几里，到达水浅处才停止。狗从水里爬出来，到了有人的地方，不停地哀叫。有的人认为十分奇怪，就跟着它一起去，看到毛毡搁在水中，于是把毛毡拉上岸来把绳子割断。贾某居然没有死，开始把当时的情形告诉救他的那些人。又哀求船夫把他载回芜湖，以等待强盗的船回来。贾某上船之后，发现救他的狗不见了，心里十分悲伤。到了芜湖三四天，商船十分多，但却看不见原来那强盗的船。正好有个同乡商人将要和他一起回家，忽然那只狗出现了，朝着贾某大叫，贾某大声喊它也不走。贾某于是下船追赶那只狗。那狗跑上一艘船，咬着一个人的大腿，那人打它，它也不松口。贾某走上前呵斥它，发现那狗咬的就是先前那个强盗。因为他的衣服和船都换了，所以认不出来。把他绑起来，搜他的身，发现自己的财物还在。呜呼！一只狗，为了报恩这样做，世上那些没有良心的人，跟这只狗相比也得羞愧啊！

拓 展

《聊斋志异》简称《聊斋》，俗名《鬼狐传》，是中国清朝著名小说家蒲松龄所创作的文言短篇小说集，共有短篇小说491篇。《聊斋志异》即书房里记录奇异的故事，它们有的揭露封建统治的黑暗，有的抨击科举制度的腐朽，有的反抗封建礼教的束缚，思想内容丰富深刻，将中国古代文言短篇小说发展到了一个新高度。

清·查士标《山水十开》

127 汲溪女

[清] 纪 昀

纪昀曾著有一书，它"俶诡奇谲无所不载，泛洋恣肆无所不言"，以"醇正"为旨，曾同《红楼梦》《聊斋志异》并行海内。让我们一同翻开《阅微草堂笔记》，走进不同于《聊斋》的奇异世界。

族兄次辰言，其同年康熙甲午孝廉某，尝游嵩山，见女子汲①溪水，试求饮，欣然与一瓢，试问路，亦欣然指示，因共坐树下语，似颇涉翰墨，不类田家妇，疑为狐魅，爱其娟秀，且相款洽。女子忽振衣起曰："危乎哉，吾几败。"怪而诘之，赧然曰："吾从师学道百余年，自谓此心如止水，师曰：'汝能不起妄念耳，妄念故在也，不见可欲故不乱，见则乱矣。平沙万顷中留一粒草子，见雨即芽，汝魔障将至，明日试之当自知。'今果遇君，问答流连，已微动一念，再片刻，则不自持矣，危乎哉。吾几败。"踊身一跃，直上木杪②，瞥③如飞鸟而去。

——《阅微草堂笔记》

注释

① 汲：取水。
② 木杪：树梢。
③ 瞥：转眼间。

译文

族兄次辰说，有个人，跟他一同在康熙甲午年被举为孝廉，此人曾游嵩山，见一女子在溪边取水。他试图向她要水，女子高兴地给了他一个勺子；他又试着问路，她也爽快地予以指示。于是，他就坐在树下和她聊天，那个女子好像读过什么书，不像个农妇。他怀疑她是个狐狸精，却爱慕她俏丽优雅，谈吐融洽。突然，女子站了起来，说道："太危险了！我差点放弃所有的努力！"他有些奇怪，问她怎么了。女子红着脸道："我跟师父学道一百多年，心如止水。师父说：'你没有起邪念，但邪念还在心里。只是你看不到你想要的东西。看到它，你的心就会乱。就像一颗留在平坦的沙子里的草籽，下雨它就会发芽。你的魔障正在逼近，明天检验一下，你自己就知道了。'今天果然遇见你，问答间已有所留恋，心神也微微动摇了；再过片刻，恐怕就不能自持了。真是太危险了，我差点儿坏了事！"说完纵身一跃，直上树梢，转眼间已如飞鸟一般远去了。

拓展

纪昀（1724—1805），字晓岚，一字春帆，晚号石云，道号观弈道人，直隶献县（今属河北省）人。清代政治家、文学家，乾隆年间官员。历官左都御史，兵部、礼部尚书，曾任《四库全书》总纂修官。纪昀学宗汉儒，博览群书，工诗及骈文，尤擅长考证训诂。他的诗文，经后人搜集编为《纪文达公遗集》。

元·盛懋《坐看云起图页》

128 《儒林外史》第一回（节选）

[清] 吴敬梓

　　有这样一本书，早就被译成英、法、德、俄、日、西班牙等多种文字传世，有人认为它足以跻身世界文学杰作之林，可与薄伽丘、塞万提斯、巴尔扎克等人的作品相提并论。鲁迅评价此书"秉持公心，指摘时弊"，胡适认为其艺术特色堪称"精工提炼"。它就是中国古代讽刺小说的高峰——《儒林外史》。

　　作为一部杰出的讽刺小说，《儒林外史》成功地揭露了当时社会吏治的腐败以及封建礼教的虚伪性，对于身处"功名富贵"的陷阱，人性被腐蚀扭曲的读书人进行了深刻的揭示与批判。当然，作为对比，书中也塑造了少数能够坚持自我的理想人物，开篇的人物——王冕即为其中之一。

　　元朝末年，也曾出了一个嶔崎磊落①的人。这人姓王名冕②，在诸暨县乡村里住。七岁上死了父亲，他母亲做些针指，供给他到村学堂里去读书。看看三个年头，王冕已是十岁了。母亲唤他到面前来说道："儿啊，不是我有心要耽误你。只因你父亲亡后，我一个寡妇人家，只有出去的，没有进来的；年岁不好，柴米又贵；这几件旧衣服和些旧家伙，当的当了，卖的卖了；只靠着我替人家做些针指生活寻来的钱，如何供得你读书。如今没奈何，把你雇在间壁人家放牛，每月可以得他几钱银子，你又有现成饭吃，只在明日就要去了。"王冕道："娘说的是。我在学堂里坐着，心里也闷；不如往他家放牛，倒快活些。假如我要读书，依旧可以带几本去读。"当夜商议定了。

　　第二日，母亲同他到间壁秦老家。秦老留着他母子两个吃了早饭，牵出一条水牛来交与王冕，指着门外道："就在我这大门过去两箭之地，便是七泖湖，湖边一带绿草，各家的牛都在那里打睡。又有几十伙合抱的垂杨树，十分阴凉。牛要渴了，就在湖边上饮水。小哥，你只在这一带顽耍，不必远去。我老汉每日两餐小菜饭是不少的，每日早上，还折两个钱与你买点心吃。只是百事勤谨些，休嫌怠慢。"他母亲谢了扰要回家去，王冕送出门来。母亲替他理理衣服，口里说道："你在此须要小心，休惹人说不是；早出晚归，免我悬望。"王冕应诺，母亲含着两眼眼泪去了。

王冕自此只在秦家放牛，每到黄昏，回家跟着母亲歇宿。或遇秦家煮些腌鱼、腊肉给他吃，他便拿块荷叶包了来家，递与母亲。每日点心钱，他也不买了吃，聚到一两个月，便偷个空，走到村学堂里，见那闯学堂的书客，就买几本旧书，日逐把牛栓了，坐在柳荫树下看。

弹指又过了三四年。王冕看书，心下也着实明白了。那日，正是黄梅时候，天气烦躁。王冕放牛倦了，在绿草地上坐着。须臾③，浓云密布，一阵大雨过了。那黑云边上镶着白云，渐渐散去，透出一派日光来，照耀得满湖通红。湖边山上，青一块，紫一块，绿一块。树枝上都像水洗过一番的，尤其绿得可爱。湖里有十来枝荷花，苞子上清水滴滴，荷叶上水珠滚来滚去。王冕看了一回，心里想道："古人说：'人在画图中'，其实不错。可惜我这里没有一个画工，把这荷花画他几枝，也觉有趣。"又心里想道："天下那有个学不会的事，我何不自画他几枝。"

…………

王冕见天色晚了，牵了牛回去。自此，聚的钱不买书了，托人向城里买些胭脂铅粉之类，学画荷花。初时画得不好，画到三个月之后，那荷花，精神、颜色无一不像，只多着一张纸，就像是湖里长的；又像才从湖里摘下来，贴在纸上的。乡间人见画得好，也有拿钱来买的。王冕得了钱，买些好东好西，孝敬母亲。一传两，两传三，诸暨一县都晓得是一个画没骨花卉④的名笔，争着来买。到了十七八岁，不在秦家了，每日画几笔画，读古人的诗文，渐渐不愁衣食，母亲心里欢喜。

这王冕天性聪明，年纪不满二十岁，就把那天文、地理、经史上的大学问，无一不贯通。但他性情不同：既不求官爵，又不交纳朋友，终日闭户读书。又在《楚辞》图上看见画的屈原衣冠，他便自造一顶极高的帽子，一件极阔的衣服。遇着花明柳媚的时节，把一乘牛车载了母亲，他便戴了高帽，穿了阔衣，执着鞭子，口里唱着歌曲，在乡村镇上，以及湖边，到处顽耍，惹的乡下孩子们三五成群跟着他笑，他也不放在意下。只有隔壁秦老，虽然务农，却是个有意思的人；因自小看见他长大，如此不俗，所以敬他，爱他，时时和他亲热，邀在草堂里坐着说话儿。

注 释

① 嵚（qīn）崎（qí）磊（lěi）落：比喻人品高洁，有骨气。

② 姓王名冕（miǎn）：指元末著名画家、诗人王冕。

③ 须臾：形容极短的时间；片刻。

④ 没骨花卉：指画花卉仅用彩色描绘，不加勾勒。

拓 展

《儒林外史》是清代吴敬梓创作的长篇小说，全书 56 回，以写实主义描绘各类人士对于"功名富贵"的不同表现。《儒林外史》白话的运用已趋于成熟，语言浅显易懂，书中对人物性格的刻画也十分深入细腻，尤其是采用高超的讽刺手法，使该书成为中国古典文学的佳作。

清·王翚《山水画》

129　三大境界

王国维

　　王国维先生讲成大事者,需要经历三种境界。他巧妙地借用词句来表述,诵读时要注意体会词句之外的含义。

　　古今之成大事业、大学问者,必经过三种之境界:"昨夜西风凋碧树。独上高楼,望尽天涯路",此第一境界也。"衣带渐宽终不悔,为伊消得人憔悴",此第二境界也。"众里寻他千百度,蓦然回首,那人却在,灯火阑珊处",此第三境界也。此等语皆非大词人不能道。然遽①以此意解释诸词,恐②为晏欧③诸公所不许④也。

——《人间词话》

注释

① 遽(jù):匆忙,立即。
② 恐:恐怕。
③ 晏欧:晏殊和欧阳修。
④ 许:赞同。

译文

　　从古至今,那些做成大事业、大学问的人,没有不经历三种境界的:"昨夜西风凋碧树。独上高楼,望尽天涯路",这是第一境界。"衣带渐宽终不悔,为伊消得人憔悴",这是第二境界。"众里寻他千百度,蓦然回首,那人却在,灯火阑珊处",这是第三境界。这些话都是大词人才能作出来。但是根据这个意思解释诗词,恐怕晏殊和欧阳修等人是不会赞同的。

拓展

　　《人间词话》是清末王国维所著的一部文学理论批评著作。该书用传统的词话形式及传统的概念、术语,融进了新的观念和方法,其总结的理论问题因而具有普遍意义,在学界产生了重大反响,在中国近代文学批评史上具有崇高的地位。"境界"说是《人间词话》的核心。

文化记忆四·音乐

　　中国音乐的历史历经兴衰荣辱，展现千姿百态。音乐的形态和风格随着历史巨轮的前进也出现多元化和多样性。西周社会建立起中国历史上第一个成熟的宫廷雅乐体系，庞大辉煌的钟磬乐成为代表器乐。春秋以后，郑卫之音正要登上历史舞台展露风姿，直至汉唐迎来歌舞伎乐的鼎盛。宋代开始，适应市民阶级文化生活的游艺场所瓦舍、勾栏应运而生。元代迎来以元杂剧为代表的戏曲艺术发展高峰期。在音乐形态和风格的不断变迁中，也逐步发展变化，并融合外域风格，形成了既丰富多彩又具有民族特色的传统乐器文化。

一、乐器

1. "八音"

　　"八音"分类法是目前所知世界上最早的一种乐器分类法，是根据乐器制作材料的不同属性而界定的广义分类法。上古文献《虞书·舜典》便出现了"八音"的记载："诗言志，歌永言，声依永，律和声，八音克谐，无相夺伦，神人以和。"这种分类方法是根据乐器制作材料的不同属性而界定的广义分类法，将乐器主要分为金（钟、编钟）、石

战国青瓷三足缶	春秋邾公华青铜甬钟	明峨眉松琴
清金漆彩画云龙纹博拊鼓		清木黑漆描金云龙纹斗笙
清竹红漆描金云龙纹箫	清木彩画中和韶乐柷	清描金云龙纹玉磬

（磬、编磬）、土（埙、缶）、革（鼓）、丝（琴、瑟）、木（柷）、匏（笙、巢）、竹（排箫）等。

2. 贾湖骨笛

贾湖骨笛被称为中国管乐器的鼻祖，不仅向全世界展示着一串串中国传统的音阶，而且还能够演奏五声或七声调式的乐曲，是出土年代最早、保存最为完整的古代乐器，堪称"中华第一笛"。

3. 曾侯乙编钟

曾侯乙编钟，大型打击乐器，战国早期文物，它以高超的青铜铸造技术和优异的音乐性能，向世界展示了古代乐师的辉煌成就。大小不同的扁圆钟按照音调高低的次序排列起来，悬挂在一个曲尺形的桐木钟架上，钟架为长袍束腰、神情肃穆的青铜武士造型，尽显华贵。

4. 古琴

古琴又名琴或七弦琴，至今有三千多年的历史，被选为世界非物质文化遗产。琴音域宽广，音色深沉，余音悠远，古琴曲中传递着古老而沧桑的音乐信息。所谓"士无故不撤琴瑟"，古人常寄托心志于琴中。充满反抗和斗争精神的《广陵散》，以及感人肺腑的《胡笳十八拍》，都是广为流传的古琴曲。

5. 琵琶

琵琶，至今已有两千多年的历史。"琵琶"二字中的"珏"意为"二玉相碰，发出悦耳碰击声"，表示这是中国传统弹拨乐器。唐代是琵琶发展的高峰，在乐队处于领奏地位。

二、古典音乐艺术形式与相关典籍

1. 乐舞

原始乐舞反映先民的狩猎生活，表演中人们常把自己打扮成狩猎的对象或氏族的图腾。唐乐舞气势磅礴，场面壮观，融钟、鼓、琴、瑟于轻歌曼舞，堪称历代歌舞之最。

2.《诗经》

《诗经》是一本周代的乐歌集，最初称《诗》，依据音乐特点分为"风""雅""颂"三部分。一首首富有鲜活生命力的音乐作品，体现的是当时社会的音乐发展水平及人们的审美特征。作品中的曲调虽已失传，仍能在歌词结构、语言使用、情感变化等方面体会其艺术创作规律。

宋·赵佶《听琴图》

3. 《乐记》

《乐记》是我国最早一部具有完整体系的音乐理论著作,创作于西汉。主张借音乐修身心,用音乐调世道,寄音乐观社会。篇目有"乐本篇""乐论篇""乐礼篇""乐施篇""乐情篇""乐言篇""乐象篇""乐化篇""魏文侯篇""宾牟贾篇"和"师乙篇"。

成于乐：传统诗礼育人的
内在诉求与价值体现

来晓丹

一、"成于乐"的文化内涵

中华民族拥有悠久且深远的文化，炎黄祖先创造了灿烂的文明的同时，也打造了绚丽多彩的音乐文化。东汉许慎在《说文解字》是这样解释"樂"的："五声八音总名。象鼓鞞。木，虡也。"清人段玉裁注云："鞞当做鼙。俗人所改也，象鼓鼙，谓也，鼓大鼙小。中象鼓两旁象鼙也。"按此解释，"乐"就是以鼓为代表的"五声八音"的总名，包括乐曲与乐器。由于美妙的音乐让人愉悦，"乐"又音转为"快乐"之"乐"。

《周易》之中有"先王以作乐崇德"的说法，意即以音乐导人性情，使人们崇尚美德，这就附着上了儒家思想中的教化功能了。《论语》中的"兴于诗，立于礼，成于乐"，指的是由诗生发情志，由礼进行调节，最终在乐的陶冶下形成完美的人格。这样，就为实现社会教化提供了途径。之所以以诗为起点，正是由于诗的内容与吟咏方式，最能激发情感以兴起人的善心，最能鼓舞意趣以启动人的生命力，所以儒家将诗列为教化之首。无诗之兴发，则无礼之建立。礼，其实就是为人处世的法则、规矩。其基本功能在于区别人伦关系，使能各安其位，各当其分。因为"立"对孔子而言，必须从诗兴中得到动人的力量或"是其所是"的正力，这样的礼才能其德如风，这样的礼也就与乐相通了。所谓"礼别异，乐合同"。"乐"的基本功能在于合同人群之情感，借志意之沟通以和洽人心。《礼记·乐记篇》言之尤详："乐者为同，礼者为异；同则相亲，异则相敬。"

"兴于诗，立于礼，成于乐"，三者首尾相贯，"诗"和"礼"是必修课，"乐"是士人的理想，须不懈追求，只有经过了"诗"的学习，确立了远大志向；经过了"礼"的学习，拥有了实务能力；然后才能通过"乐"的熏陶成就"至善"的理想人格。

二、关于传统音乐的认知

关于音乐教育，孔子认为"仁"是音乐的内在精神，体现着"乐"与"礼"的关系，"礼"为"仁"的形式，"仁"为"礼"的内容。孔子将道德教育延伸到儒家教育思想中，编订"六经"《诗》《书》《礼》《易》《乐》《春秋》，并以"六艺"（礼、乐、射、御、书、数）作为儒家教育的基础内容，足见儒家伦理中"乐"的重要地位。

六经中的《乐》已散佚，其部分内容体现在《礼记·乐记》之中。作为我国现存的第一部具有完整体系的音乐理论著作，《乐记》堪称先秦儒家音乐思想的集大成者。这篇重要的历史文献对礼和乐的社会功能及其相互关系进行了全面而系统的理论总结，主张借音乐修身心，用音乐调世道，以音乐观社会。音乐改善民众的精神品格，表明了音乐文化与儒家教化唇齿相依的关系。《乐记》云："感于物而动，故形于声。声相应，故生变。变成方，谓之音。比音而乐之。及干戚羽旄谓之乐。"这句话概括了中国传统音乐中审美与教化相结合的固有特征，体现了古代人们对音乐的深刻认识，对两千多年来传统音乐的发展有着深刻的影响，也为今天的音乐美学教育理论提供了宝贵的借鉴意义。

中国乐器发展历史久远，我国有世界上最早的一种乐器分类法"八音"分类法。上古文献《虞书•舜典》便出现了"八音"的记载："诗言志，歌永言，声依永，律和声，八音克谐，无相夺伦，神人以和。"这种分类方法是根据乐器制作材料的不同属性而界定的广义分类法。将乐器主要分为金（钟、编钟）、石（磬、编磬）、土（埙、缶）、革（鼓）、丝（琴、瑟）、木（柷）、匏（笙、巢）、竹（排箫）等。作为世界非物质文化遗产的古琴，已经成为中国雅乐的象征，在国家层面的礼仪仍发挥着重要作用，充分体现了中国代乐器的璀璨与魅力。

"乐"与"礼"密不可分，也与"舞"杂糅、交融在一起。原始乐舞展现先民的狩猎生活，表演中人们常把自己打扮成狩猎的对象或氏族的图腾。《尚书•益稷篇》载："击石拊石，百兽率舞"，这种形象的描述，使我们仿佛置身于先民们欢乐歌舞的情景中。乐舞经过长时间的发展、沉淀，到盛唐之时，在多元文化大融合的时代背景下，呈现出极大的包容性，乐曲丰富而昂扬，舞姿细腻而流畅，服饰华丽而多姿，其乐舞场面也愈发宏大，堪称历代歌舞之最。

中国素称"礼乐之邦"，传统音乐在人格养成、文化生活和国家礼仪方面有着重要的作用和地位，而古曲是中国传统音乐的精髓。《高山流水》《平沙落雁》《梅花三弄》《十面埋伏》《夕阳箫鼓》《汉宫秋月》《阳春白雪》等曲目流传至今，已成为宝贵的历史文化资源。从曲名中可以看出，古代音乐重视诗意形象的传统特征。

这一特征在《春江花月夜》乐曲与诗歌中完美得呈现出来。唐代诗人张若虚同名诗"孤篇横绝，竟为大家"之誉，将诗情画意融为一体，既体现了音韵之美，也体现了思致之深，千百年来传诵不已。而《春江花月夜》乐曲则完美地呈现了这一经典意境：江天一线，皎月一轮，水波潋滟，花枝婆娑，人影绰约，体现了一种"绘画的美"。在琵琶、笛子等传统乐器的演绎下，海潮声、江流声、捣衣声、凄凉的雁叫声与游子思妇的叹息声，与优美的画面融为一体，生成了韵味无穷的深邃意境。

我们应提取传统文化中的精华，融合时代特征，为其注入新鲜活力。只有民族的才是世界的，我们传承民族音乐、推广民族乐器，首先就要把传统音乐融入学校教育中，在中小学校的音乐教育中，古琴、二胡、笛子等传统乐器进校园，并开展相关课程，让学生在耳濡目染中认识和了解中国民族乐器，感受中国民族乐器的无限魅力，激发学生对传统音乐的兴趣和热爱，发扬光大我国的传统文化。

三、"成于乐"的教育价值体现

中国文化重视人与人之间的和谐关系。"和"在中国音乐史中出现很早,且对中国古代音乐审美活动影响深远。先秦文献中记载了"和"的哲学、美学讨论,作为审美文化的核心范畴。"和"(龢)字的理解通常有两种:一为许慎《说文解字》所释:"龢,调也"。一为"和"视为一种乐器,如《尔雅·释乐》所释:"大笙为之巢,小者谓之和"。这就说明了古代音乐与和谐精神的渊源之深。

晏子与齐景公著名的"和同之辩"里有关于音乐中"和"的讨论。晏子举"和声"为例。他认为,声音也像味道一样,它是由一气、二体、三类、四物、五声、六律、七音、八风、九歌互相组成的;是由清浊、大小、短长、缓急、哀乐、刚柔、快慢、高低、进出、疏密互相调剂的。正是由于乐器的音色不同,乐曲的节奏变化等"不同"的因素,才生成和谐的旋律。

西周太史伯论述"和实生物,同则不继"也涉及这一论题。他为周宣王庶弟桓公解答政治兴衰时,认为不同的因素相融合有利于事物的发展,即"和实生物",而相同的因素则不能再产生新事物,音乐也是如此,所谓"和六律以聪耳",音乐因不同的声音交相融合而产生美感。在教育教学中,学生理解这一点,就深化了对古代乐舞中"八音克谐"这一经典表述的认识。

在传统诗词教学中,让学生理解诗乐关系也具有重要的意义。音乐与诗本身就是相辅相成的,《诗经》、乐府的产生都是典型例证。《墨子·公孟》中有"颂诗三百,弦诗三百,歌诗三百,舞诗三百"的说法,意思是《诗》三百余篇,均可诵咏、用乐器演奏、歌唱,由此可见诗乐的密切关系。虽然这些乐曲早已散佚,"三月不知肉味"的境界已无从体验,但古代诗歌的节奏感历久弥新,我们可以在《诗经》的重章复沓中体会到音乐般的韵律。

当中国诗歌发展至以五言、七言等规整的形式以及长短句的形式,其乐感便融入奇偶相生的节奏变化之中。在古诗词教学中,结合诗句自身的韵律感与画面感展开想象,将视听感受在脑海中融为一体,才能更好地体会到古典诗词悠远的意境,进而理解古诗词艺术作为中华民族文学瑰宝的价值。

优秀的传统音乐是我国宝贵的文化财富,充分运用课堂教学、节庆礼仪中的乐教因素,营造传统文化氛围,拉近学生和传统音乐之间的距离,让学生在潜移默化中体会传统乐教的中和之美,和谐知识学习、情志培养乃至身心发展,正是传统诗礼文化教育的重要内容与目标所在。因此,吸收中国古代音乐美学审美价值观念,在教育教学中采取多样化途径实现诗、礼、乐一体化互动,不仅能够生成和谐的育人氛围,对于丰富弘扬中国传统文化的途径也具有重要的实践意义。

参考文献

[1] 永瑢等撰:《四库全书总目》,中华书局,1965 年版。

[2] 续修四库全书总目提要编纂委员会编:《续修四库全书总目提要》,上海古籍出版社,2015 年版。

[3] 魏小虎编撰:《四库全书总目汇订》,上海古籍出版社,2012 年版。

[4] 阮元校刻:《十三经注疏(清嘉庆刊本)》,中华书局,2009 年版。

[5] 《点校本二十四史》,中华书局,2006 年版。

[6] 《新编诸子集成》,中华书局,2011 年版。

[7] 《新编诸子集成续编》,中华书局,2013 年版。

[8] 严可均集:《全上古三代汉魏六朝文》,中华书局,1965 年版。

[9] 中华书局编辑部点校:《全唐诗》,中华书局,2003 年版。

[10] "中国古典文学理论批评"选辑,人民文学出版社,1958 年版。

[11] "中国古典文学读本"丛书,人民文学出版社,2008 年版。

[12] 中国古典小说最经典,中华书局,2013 年版。

[13] 历代笔记小说大观,上海古籍出版社,2012 年版。

[14] "中华要籍集释"丛书,上海古籍出版社,2009 年版。

[15] 司马光著,胡三省注:《资治通鉴》第 2 版,中华书局,2011 年版。

[16] 马端临:《文献通考》,中华书局,2011 年版。

[17] 王国维校:《水经注校》,上海人民出版社,1984 年版。

[18] 陈元靓撰:《岁时广记》,许逸民点校,中华书局,2020 年版。

[19] 欧阳询撰:《宋本艺文类聚》,上海古籍出版社,2013 年版。

[20] 郭沫若主编:《甲骨文合集》,中华书局,1982 年版。

[21] 中国社会科学院考古研究所编:《殷周金文集成》(修订增补版),中华书局,2007 年版。

[22] 姚鼐纂集:《古文辞类纂》,胡士明、李祚唐标校,上海古籍出版社,2016 年版。

[23] 金圣叹:《金圣叹全集》,陆林辑校整理,凤凰出版社,2008 年版。

[24] 钱玄、钱兴奇编著:《三礼辞典》,凤凰出版社,2014 年版。

［25］中国美术全集编委会编：《中国美术全集》，人民美术出版社，2015 年版。

［26］上海书画出版社、华东师范大学古籍整理研究室选编、点校：《历代书法论文选》，
上海书画出版社，1979 年版。

［27］崔尔平选编、点校：《历代书法论文选续编》，上海画报出版社，1993 年版。

［28］俞剑华编著：《中国历代画论大观》，江苏凤凰美术出版社，2015—2017 年版。

［29］傅璇琮主编：《唐才子传校笺》，中华书局，2002 年版。

［30］吕思勉：《中国文化史》，商务印书馆，2018 年版。

［31］钱穆：《国史大纲》，商务印书馆，2015 年版。

［32］冯友兰：《中国哲学史》，商务印书馆，2019 年版。

［33］谭其骧主编：《中国历史地图集》，中国地图出版社，1982 年版。

［34］诸伟奇、贺有龄、敖堃等编著：《简明古籍整理辞典》，黑龙江人民出版社，1990 年版。